EL MANANTIAL DE LA ESPERANZA

BIBLIOTECA DOMINICANA

29

TIMOTHY RADCLIFFE,
Maestro de la Orden de Predicadores

EL MANANTIAL DE LA ESPERANZA

Editorial San Esteban
SALAMANCA

Textos de la Secretaría General O.P. (Roma)
Edición al cuidado de Bernardo Fueyo

Apartado 17 - 37080 Salamanca (España)
Teléfonos: 34 / (9)23 / 21 50 00 - 26 47 81
Fax: 34 / (9)23 / 26 54 80
E-mail: edit.sanesteban@slm.servicom.es

ISBN: 84-8260-049-4
Diseño de cubierta: Helvética Edición y Diseño
Depósito legal: S. 380-1998

Imprenta Calatrava, Soc. Coop.
Polígono El Montalvo. Tel. y Fax 923 / 19 02 13 - 37008 Salamanca

Contenido

1
El Parque Jurásico y la Última Cena

Me siento muy honrado al pedirme que dé esta charla en el día de apertura de *The Tablet*. Siempre me gustó venir al *Cardinal's Arms* una vez al mes para la reunión de *The Tablet*, pero hasta que no marché de Inglaterra y empecé a vivir con la maleta siempre dispuesta, saltando de un país a otro, no descubrí la importancia de este periódico y cuánta gente depende de él para saber lo que está ocurriendo en la Iglesia. En lo profundo del Amazonas podéis encontraros con hermanos que discuten un artículo, disputando por leer antes que los demás la publicación siguiente.

El año pasado tuve que dar una charla de diez minutos a la Unión de Superiores Generales –los "jefes" de las Órdenes Religiosas– sobre los retos de nuestra misión como religiosos en Occidente. Parecía un trabajo un tanto irrealizable. ¿Qué se puede decir en diez minutos? Por aquella época fui a ver *Parque Jurásico* y me di cuenta de que es ésta una historia que nos muestra un cuadro maravilloso del mundo en que hemos de vivir nuestra fe hoy. Es una de las películas de mayor éxito. Se estaba exhibiendo en uno de cada tres cines en Italia y el Ministro francés de Cultura la declaraba como una amenaza a la nación. Nuestros niños comen galletas en forma de dinosaurios. ¿Por qué ha tenido tanto éxito? Seguramente porque toda cultura vive de historias, de relatos que conforman nuestra percepción del mundo y de nosotros mismos, los cuales nos dicen qué significa ser humano. Es ésta una narración en la que millones de personas, tal vez inconscientemente, se encuentran a sí mismas, encuentran la historia de sus vidas.

Pero nosotros, los cristianos, afirmamos vivir de otra historia, que nos reúne para recordarla y reactualizarla cada domingo, la historia de la Última Cena; la historia del hombre que congregó a sus amigos a su alrededor y compartió con ellos una comida, les entregó su propia persona, su cuerpo y su sangre. Esta es la historia que debería, sobre todo, conformar nuestras vidas y nuestra conciencia personal. Por tanto el reto de ser cristiano no es para nosotros el simple intentar ser buenos. No hay evidencia que indique que los cristianos son, en general, mejores que los demás, y, ciertamente, Jesús no vino a llamar a los santos sino a los pecadores. El desafío está más bien en vivir de y por una historia que algunos de nuestros contemporáneos pueden encontrar muy rara, y que ofrece una visión distinta del mundo y del ser humano. Esta tarde quiero mencionar sólo unas cuantas diferencias entre estas dos historias.

Supongo que la mayoría de vosotros habéis ido a ver *Parque Jurásico*. Probablemente llevasteis a vuestros hijos, pretextando que sólo ibais para que ellos pasaran un buen rato, pero seguro que también disfrutasteis con ella. Por si alguno no la ha visto, os cuento la historia. Un millonario, Richard Attenborough, utiliza experimentos con el ADN para devolver la vida a los dinosaurios. Crea un parque especial por el que todos los dinosaurios pueden moverse libremente. Desgraciadamente se escapan, comienzan a matar a los visitantes y los seres humanos abandonan la reserva, dejando tras de sí la jungla. Tal vez os parezca que esto no tiene mucho que ver con la vida de los barrios de Londres, a no ser que las cosas hayan cambiado mucho desde que estoy en Roma, pero a mí me sugiere que todo ello afecta a elementos importantes de nuestra cultura contemporánea.

1. Violencia

El primer punto que quiero desarrollar es un tema bastante común. *Parque Jurásico* nos habla de un mundo violento, de una manada de dinosaurios vagabundeando por las llanuras y devorando cuanto encuentran a su paso. Se trata de una violencia a la que los seres humanos sólo pueden replicar con nueva violencia. La otra historia nuestra, la de la Última Cena, es también una historia de violencia, la violencia que se inflige a Jesús y que él soporta: "como oveja que es llevada al matadero, él no abrió su boca" (Is 53, 7).

Cuando hace poco pregunté a un grupo de dominicos americanos –hermanos y hermanas– cuál era el primer reto a nuestra predicación, sin dudarlo me respondieron que la violencia. En los últimos meses he visitado Ruanda, Burundi, Haití, Angola, Croacia y Nueva York y he podido comprobar la cruda violencia de gran parte de nuestro mundo. Supongo que la mayor parte de la historia humana ha sido violenta y, si dejamos de lado los horrores de las dos guerras mundiales, la nuestra no ha sido mucho peor. En el pasado muchas sociedades han glorificado la violencia. Creo que también la nuestra lo hace, y de forma sutil y apenas explícita.

Parque Jurásico nos presenta una resucitada selva darwiniana en la que los animales compiten para sobrevivir. El débil fracasa y muere llegando a extinguirse, como los dinosaurios. La competición violenta por la comida y el territorio es parte de un proceso creativo a través del cual llegamos a existir. Esa lucha brutal es la que nos introduce en la existencia. Es nuestra cuna. Últimamente se sugiere que la violencia es fructífera. Sin embargo la teoría de Darwin –que yo no puedo afirmar haber estudiado– es interesante solo como síntoma de la profunda transformación en nuestra comprensión de lo que significa ser humanos, que ha tenido lugar hace doscientos años, más o menos. Es la aparición del convencimiento de que toda sociedad humana funciona y florece a través de una feroz lucha entre individuos competitivos, cada cual persiguiendo su propio bien. La metáfora de la supervivencia del más preparado, de la vida como una jungla darwiniana, aparece con frecuencia en nuestro lenguaje. Sumner, el economista de Yale, escribió incluso que "los millonarios son un producto de la selección natural... Pueden ser objetivamente considerados como agentes de la sociedad seleccionados naturalmente para un determinado trabajo".

Uno de los primeros indicios de este cambio profundo en nuestra comprensión de la sociedad humana fue una pequeña paradoja titulada "La parábola de las abejas", escrita por un tal Mandeville en el siglo dieciocho. Defendía que la avaricia, la envidia, el orgullo, todos los vicios tradicionales, pueden ser realmente muy útiles. Son los que hacen que el mundo continúe y que la sociedad humana prospere. Pueden ser vicios privados, pero son virtudes públicas. La política de la avariciosa competición viene de lejos. Es esta comprensión de lo que significa ser humano la que hace de nuestras ciudades Parques jurásicos urbanos, ciudades-selvas con violencia interior, donde los débiles son destruidos. Nuestra historia, la de la Última Cena, nos ofrece un profundo desafío, no sólo porque aquí se nos presenta al hombre que soporta la violencia y rehusa deshacerse de ella. Nuestra historia ofrece una imagen radicalmente diferente de lo que significa ser humano. Él nos ofrece su cuerpo. Esta es la nueva alianza, nuestro hogar y nuestra morada. El significado de las vidas no se da en la búsqueda del propio interés, sino en la acogida del don de comunión.

Creo que la mayoría de nosotros estaríamos de acuerdo –y se ha defendido con frecuencia– en que el reto del momento es romper la fascinación de lo que al fin es una imagen dolorosa y destructiva de lo que significa ser humanos: la de vernos como mónadas solitarias persiguiendo siempre nuestro propio provecho individual. Somos carne de la carne del otro, una comunión que encuentra la perfección en esa carne que Cristo da, su propio cuerpo. Lo que buscamos es radicalmente el bien común. El problema está en cómo hemos de romper la influencia de este falso mito de nuestra humanidad. ¿Qué hemos de hacer? Como señaló David Marquand en "La sociedad sin principios": "¿Cómo puede una sociedad fragmentada hacerse a sí misma un todo? ¿Cómo puede una cultura impregnada de un individualismo egoísta restaurar los vínculos de comunidad? Admito que el sentir común de casi doscientos años es el principal obstáculo para un ajuste fructífero tanto económico como político. ¿Cómo se puede redefinir el sentir común? [1].

Creo que nuestro relato de la Última Cena nos da unas cuantas claves. Después de todo es la historia de una comunidad que es profundamente desprendida, en la cual el hombre que está en el corazón de esa comunidad está a punto de ser traicionado y negado. Todos sus amigos escaparán en un momento. Es la historia del nacimiento de una comunidad que tira por tierra toda forma de alienación, traición, incluso la muerte. Nos ofrece esperanza.

1. *The Unprincipled Society: New Demands and Old Politics* (Glasgow, 1988), p. 223.

2. Palabras

El acto central de Jesús es pronunciar una palabra. Dice algo: "Esto es mi cuerpo y os lo entrego". Pronuncia una palabra poderosa y transformadora. Las palabras no son tan importantes en *Parque Jurásico.* Hay muchos gruñidos y rugidos, el sonido de huesos que se quiebran, pero no se nos anima a hablar con un Tiranosaurus Rex. Un ruso o un chino podrían ver la película en inglés y no echar muchas cosas en falta. Esta diferencia es significativa. Una de las formas con las que construimos la sociedad humana y trascendemos la trampa del individualismo egoísta, es recuperando el respeto por las palabras, y su capacidad para formar y sostener la comunidad.

Somos humanos y nos pertenecemos unos a otros porque podemos hablar entre nosotros. Una sociedad en desintegración es aquella en la que se da el desprecio por las palabras. Cuando estuve en El Salvador visité la habitación donde fueron tiroteados los jesuitas en la Universidad. Los asesinos también dispararon contra sus libros. Se puede ver un ejemplar del *Diccionario teológico del Nuevo Testamento* de Kittel, abierto por la página del Espíritu Santo, el que nos enseñó a hablar en lenguas, atravesada por agujeros de bala. Pienso en la biblioteca de un sacerdote de Haití con todos los libros destruidos y rasgados; pienso en un pueblecito en la frontera entre Croacia y Serbia borrado del mapa, con los mismos cuerpos sacados de las tumbas y esparcidos alrededor, y en la iglesia el misal desgarrado y decorado con obscenidades. Lo que todos estos incidentes muestran es, por una parte, el odio a las palabras y, por otro, la fuerza que las mismas conllevan.

Cuando, durante mis viajes, aterrizo en Inglaterra para recuperarme del desfase horario y hacer la colada, no leo nada referente a que los parlamentarios irrumpan unos en las habitaciones de los otros rompiendo los libros de los oponentes. Sin embargo me da la impresión de que vivimos en una cultura en la que nos soltamos unos a otros palabras con poco contenido en lo tocante a sus consecuencias, igual que hacen los niños cuando juegan a indios y vaqueros, sin comprender que las pistolas que usan son reales. Es como si hubiéramos olvidado que hablar es un acto moral que exige la responsabilidad más profunda. No puedo menos de sorprenderme ante las cosas tan distintas que se decían del señor Smith antes y después de su muerte. ¿Se trataba sólo de palabras?

El libro del Génesis nos dice que la vocación de Adán fue llamar a las cosas por su propio nombre. Dios hizo a Adán para que le ayudara en la creación. Le mostró un león o un conejo y Adán les puso nombre. Sabía lo que eran las cosas y así ayudó a Dios a sacar del caos un mundo con sentido. Sus nombres no eran marcas arbitrarias pegadas sobre las cosas de forma que pudiera haber llamado liebre al conejo; los nombres participaban del poder de las palabras de Dios para traer a la existencia, para sacarlas a la luz. Hablar, usar palabras, es casi una vocación divina. Como Dios, el hablar nos da el poder de la vida o de la muerte.

La violencia de nuestra sociedad impregna el lenguaje que usamos. Vaclav Havel, el presidente de la República Checa, contrasta las palabras de Salman Rushdie con las de Jomeini: "palabras que iluminan a la sociedad con su libertad y sinceridad se contraponen a palabras que hipnotizan, engañan, inflaman, enloquecen, seducen, palabras hirientes, letales incluso. La palabra es como una flecha"[2]. George Steiner escribió: "En las palabras, como en la física de las partículas, hay

2. Citado en *Independent,* 9 de diciembre de 1989, p. 29.

materia y antimateria. Construcción y aniquilación. Padres e hijos, hombres y mujeres, cuando se dirigen unos a otros en el intercambio de palabras, están ante un riesgo definitivo. Una palabra puede mutilar una relación humana, puede poner en peligro la esperanza. Los cuchillos del habla producen cortes muy profundos. Con todo es el mismo instrumento, léxico, sintáctico, semántico, que usamos para hablar de la revelación, el éxtasis, el de la maravilla de comprender lo que es la comunión".

Una hermana dominica de Taiwan contaba de una chica que llevaba un niño a sus espaldas. Alguien le dijo: "Chiquilla, llevas una pesada carga". Ella le replicó: "No llevo una carga pesada. Llevo a mi hermano". Una palabra transformadora.

Los defensores de lo políticamente correcto están en lo cierto aunque la forma sea incorrecta. Han visto correctamente que importa mucho las palabras que yo uso, ya que mis palabras pueden ser puñales que matan a las personas. Ahora bien la comunidad humana no se cura simplemente por prohibirnos usar ciertas palabras. Como escribió Robert Hugues en "La cultura de la queja": "Queremos crear una especie de "Lourdes" lingüístico donde el mal y la desgracia se desvanezcan por la inmersión en las aguas del eufemismo". Destaca que no se vence el horror a la muerte disponiendo, tal como lo hacía el *New England Journal of Medicine,* que al referirse a un cadáver se debería decir una "persona no viva". Un cadáver grueso, señala, se convierte en "una persona no viviente de tamaño diferente". Los administradores de la Universidad de S. Francisco, en Santa Cruz, se equivocaron al creer que se podrían superar expresiones racistas, tales como "estoy negro" y "esto es un trabajo de chinos", con sólo admitir que en *algunos* contextos podían parecer racialmente despectivas.

Construimos comunión y sanamos heridas no por prohibir palabras desagradables, sino usando palabras que crean comunión, que dan la bienvenida al extraño, que anulan distancias. En el corazón de nuestro relato prototipo, la Última Cena, se habla de un hombre que pronuncia palabras que dan origen a la comunidad: "esto es mi cuerpo y os lo entrego". Y si la doctrina de la Presencia Real, de estas palabras verdadera y profundamente transformadoras, parece estúpida y absurda a muchos de nuestros contemporáneos, seguramente es porque hemos olvidado qué poderosas son las palabras. Emily Dikinson escribió:

Podría el labio mortal presagiar
la carga no desvelada
de una sílaba confiada,
que la desintegrara en su peso.

Las palabras de Cristo en la consagración revelan algo a lo que todo lenguaje humano aspira, la gracia que perfecciona la naturaleza.

Cuando los monjes de la Edad Media huyeron hacia las costas occidentales de Irlanda, llevaban consigo los textos de los Evangelios que ellos copiaban, adornaban, volvían a copiar y veneraban. Fundaban comunidades que mantenían viva la veneración por estas palabras santas. Tal vez lo que nosotros estamos llamados a hacer es formar comunidades donde exista veneración por el lenguaje, por las palabras veraces, palabras que construyan comunidad. Si la iglesia ha de ser un lugar donde la gente pueda redescubrir el sentido profundo de lo que significa ser humano, ser eso que en nuestra más profunda identidad somos unos para otros, entonces debemos ser ante todo una comunidad en la que las palabras se usan con veneración y responsabilidad.

Eso quiere decir que tenemos que ser una comunidad de personas donde nos atrevemos a debatir, a discutir, a dialogar en la búsqueda de la verdad que nunca podemos dominar o amaestrar. Con frecuencia en nuestra querida Iglesia hay miedo al debate. No me refiero al desacuerdo. Hay mucho desacuerdo ruidoso. Me refiero a esa difícil batalla con el otro, en la cual ambos buscamos el mutuo esclarecimiento, esa apasionada disputa en la que uno lucha con los otros porque espera precisamente aprender de ellos. En la Suma, Sto. Tomás comienza siempre con las objeciones de sus oponentes no sólo para probar su error, sino para descubrir exactamente en qué tienen razón. Luchamos con el oponente como Jacob con el ángel para reclamar una bendición.

Esa especie de reverencia por la palabra que nosotros debemos aprender, si la Iglesia tiene que construir el hogar humano, implica humildad ante la verdad y ante la otra persona. Nuestras palabras, tanto en la Iglesia, como en nuestra sociedad, están con frecuencia cargadas de arrogancia. Una última cita de Havel: "Deberíamos luchar juntos contra las palabras altivas, estar alerta a todo germen solapado de arrogancia que tiene la apariencia de humildad. Este no es obviamente un trabajo de lingüística. La responsabilidad por las palabras y con las palabras es un trabajo intrínsecamente ético. Como tal está situado más allá del horizonte del mundo visible, en ese reino donde habita la Palabra que existió en el principio y que no es la palabra del hombre".

3. Perdón

Cuando nos reunimos el domingo para oír de nuevo nuestros relatos fundacionales, las poderosas palabras que oímos son las de perdón, las de sangre que es derramada para el perdón de los pecados. La palabra es una palabra que sana y absuelve. Sin embargo hay en nuestra cultura una profunda resistencia a la idea del perdón. Parte viene de la sospecha de que las personas que hablan sin cesar de perdón, especialmente los católicos, tienen probablemente una obsesión malsana de culpa. Habiendo sido educado por los benedictinos, hombres bondadosos, no es desde luego esa la clase de catolicismo en la que yo me inicié. Me pregunto de forma más radical si de hecho nuestra cultura no desconfía del perdón porque sospecha que el perdón puede que no sea una cosa muy buena. Pudiera ser que en el fondo nuestra cultura contemporánea mantenga la creencia de que, salvo en el sentido más privado y personal, el perdón fuese dañino e incluso peligroso. Si hubiera demasiado a nuestro alrededor la sociedad se derrumbaría. Como la mantequilla, el chocolate y esas otras cosas buenas, debería ser estrictamente racionado. Y sin embargo es algo central en nuestra fe.

Desde luego después de Dachau y Auschwitchz –también Spielberg realizó la *Lista de Schindler*– después de Dresden y Hiroshima, uno podría dudar de la idea de perdón como algo demasiado fácil. Como si tales horrores fuesen fáciles de olvidar. Sin embargo nuestra duda es aún más honda y podemos ver las claves en *Parque Jurásico*. En la jungla darwiniana no puede darse el perdón. La extinción es la consecuencia necesaria de la debilidad y el fallo. Y es bueno que suceda esto, ya que de otra manera no habría evolución. Nosotros, seres humanos, somos el resultado de un proceso despiadado que elimina imnumerables especies ya que fueron incapaces de adaptarse, pero así llega hasta nosotros. Lo que es creativo de nuestra humanidad es una historia implacable. En *Parque Jurásico* estos dinosaurios son rescatados de la muerte y enseguida descubrimos que ese es un gran error. Deberíamos haber dejado su ADN incrustado en las gotas de ámbar.

Es verdad que no puedo alegar ninguna pericia en economía. Cuando se explicaban las cuentas en inglés, no me resultaba difícil perderme. Ahora que las explicaciones se hacen en italiano, la oscuridad es total. Sospecho, sin embargo, que la imagen de supervivencia de los más preparados funciona de un modo implacablemente semejante en mucho de la política y economía contemporáneas y que una de las funciones del gobierno es precisamente la de retirar todo lo que resguarda y protege a las industrias débiles o desadaptadas. Aquí no hay lugar para la misericordia. Los débiles deberían perecer ya que la piedad es un sentimiento peligroso. Sé que esto es una simplificación excesiva: nosotros creemos en las redes de seguridad y soñamos con el mercado social y con la benevolencia del capitalismo; y, sin embargo, eso toca algún profundo instinto de nuestra sensibilidad contemporánea.

Esa falta de piedad parece penetrar profundamente nuestra cultura. Una de las alegrías de mi existencia errante –sesenta países desde Julio de 1992 y espero que mi hermano mayor no haya olvidado que me prometió unas vacaciones gratis después de los cincuenta primeros–, es, aparte de leer *The Tablet,* toparme con algún periódico inglés. Tal vez atrasado de varias semanas, pero caigo sobre él como un hambriento. Y, sin embargo, es deprimente lo poco que hablan de denuncia y acusación. El modelo imperante en el acercamiento a la verdad es el de la revelación, el de airear las faltas de alguien. Es indudable que todo esto se dice hacerlo en nombre de la moralidad, de volver a la base. Sin embargo uno debe preguntarse: ¿Qué es realmente lo que se expone? ¿Qué es lo que se descubre y revela? La verdad de otro ser humano, con todos sus vicios y virtudes, bondad y maldad, solamente se puede alcanzar con una paciente atención. Hay que escuchar con verdadero mimo, y dejar al otro que se muestre a sí mismo. La verdad no se ofrece como desenmascaramiento, sino en un momento de revelación. Necesita ternura, no denuncia. La mirada verdadera es siempre una mirada compasiva, incluso una mirada amorosa, ya que, como nos enseña Sto. Tomás, la verdad y la belleza son la misma cosa. El periodista con una primicia me recuerda a Pompeyo cuando toma por asalto el templo de Jerusalén, y exige ver lo que se hallaba escondido detrás del velo del Sancta Sanctorum. Cuando fue rasgado exclama: "¡Pero no hay nada, nada en absoluto!". No había nada que *él* pudiera ver.

El perdón de la Última Cena no es fundamentalmente olvidar. No nos tranquiliza diciendo que nuestro Dios desea pasar por alto nuestras faltas, mirar hacia otro lado. Es un acto profundamente creativo de sanación. El perdón, en nuestra tradición, es ese momento totalmente creador en el que Jesús es rescatado de la muerte. No es el que nos capacita para olvidar. Hace posible el recuerdo. Es el misterio del Dios siempre fecundo que, en la imagen medieval, hizo que la madera muerta de la cruz se cubriera de flores, y puede hacer que nuestras vidas muertas florezcan. Estas dos historias, el Parque Jurásico y la Última Cena, difieren profundamente en su percepción de la creatividad. En una los humanos son creados a través de un proceso despiadado que destruye al débil; en la otra se trata de una palabra que sana y redime y nos lleva a la plenitud.

Los héroes de *Parque Jurásico* son los dinosaurios. Son, por supuesto, las víctimas, los que fueron condenados por el proceso evolutivo. Y son los héroes indicados de nuestra cultura en la que la víctima con frecuencia tiene status de héroe. Y el hambre y la amargura de la víctima, el abuso o la vejación, o la injusticia, seguramente derivan del sentimiento de que nada se puede hacer para curar el daño, que ellos o nosotros estamos condenados a llevar nuestras heridas para siempre, a ser víctimas. Mencionar, incluso, la posibilidad del perdón sería trivializar el dolor e intensificar la rabia. Todo lo que se puede hacer es echar fuera al culpable. Seguramente sólo la fe en un Dios absolutamente fecundo, que hizo todo de la nada y resucitó a Jesús de entre los muertos, puede darnos la fuerza para pensar en aquellos a quienes hemos herido o que nos han hecho sufrir, y esperar el perdón.

En la Última Cena el perdón no es sólo una absolución privada sino el nacimiento de una comunidad. No es sólo el ofrecimiento de una paz personal interior, sino la paz que nosotros vivimos juntos. Así era como se veía en Europa, cuando el sacramento de la reconciliación era el sacramento en que la comunidad era curada, un acontecimiento público hasta después del Concilio de Trento cuando se inventaron los confesionarios.

Uno de los ejemplos más conmovedores que vi de este perdón compartido tuvo lugar en Burundi el año pasado; durante las masacres. Los conflictos entre tutsis y hutus que han diezmado Ruanda este año ya había comenzado en Burundi. Nuestros hermanos pertenecían a ambos grupos étnicos y entre ellos todos habían perdido miembros de sus respectivas familias. Fue un momento de un dolor intenso para estos hermanos nuestros. ¿Cómo podíamos sostener y edificar una comunidad religiosa en la que enemigos tradicionales vivían juntos? Esta era nuestra prioridad más inmediata. Yo recorrí el país con el Asistente del Consejo General para África, que es hutu, y el superior local que es tutsi. No vimos más que bandas ocasionales de hombres armados buscando a sus enemigos. Visitamos campos de refugiados y encontramos a las familias de nuestros hermanos y hermanas. Era muy importante que estos aceptaran a los hermanos de los dos bandos, tutsis y hutus juntos. Fue el primer gesto de reconciliación y de mutuo perdón. Luego, antes de que yo abandonara la capital, Bujumburu, nos sentamos e intentamos hablar. Más que palabras de denuncia o acusaciones, cada uno tenía que escuchar, oír lo que el otro había sufrido, de forma que él pudiera seguir siendo un hermano y no se convirtiera en un extraño. Fue, tal vez, el momento más extraordinario de escucha que jamás he visto, de ofrecimiento de una escucha acogedora a aquél que parecía hablar desde otro mundo. Aquí el perdón no es amnesia sino el don imposible de la comunión.

4. Fatalismo

El último contraste que me gustaría establecer entre Parque Jurásico y la Última Cena está profundamente conectado con la posibilidad del perdón. Se trata de la diferente forma de entender la libertad que ambos proporcionan. Parque Jurásico es una especie de parábola, como la historia de Frankestein, sobre el fracaso de nuestra cultura científica para vivir de acuerdo con su sueño de control de la libertad. En el libro esto se hace explícito cuando la sala de control del parque deja de funcionar y, por ello, todos los dinosaurios pueden escapar. Al pararse durante un momento de reflexión, cuando el caos está a punto de arrollarlos, el héroe dice: "Desde Newton y Descartes, la ciencia nos ha ofrecido explícitamente la visión del control total. La ciencia ha afirmado su poder para controlar finalmente todo, a través de su comprensión de las leyes naturales, pero en el siglo veinte esa afirmación ha sido hecha añicos sin posibilidad de reconstrucción"[3]. Al final, la única libertad que queda a nuestros héroes es la libertad de huir, de escapar de la confusión que ellos han producido. También se puede leer como una forma de provocar la

3. Michael Crichton, *Jurassic Park*, p. 313.

expectación para ver *Parque Jurásico 2*. Es la libertad de no *pertenecer*, libertad final de nuestro moderno ser humano, ese ser aislado y solitario para quien *pertenecer* es estar atrapado.

Cosas maravillosas han tenido lugar estos últimos años, se han alcanzado libertades inesperadas. Hemos visto la caída del muro de Berlín, la elección de Nelson Mandela como presidente de África del Sur. Puede que estemos en el camino de la paz en Oriente Medio. Sin embargo, a pesar de todo esto, a veces nos tienta un triste fatalismo, un sentimiento de que nada de lo que hacemos puede en realidad afrontar y vencer la pobreza creciente, la crueldad y la muerte. Es lo que Havel llama "la incapacidad general de la humanidad moderna para ser dueña de su propia situación". Quizá ese sentido de fatalismo no sea sólo debido al fracaso de la ciencia para ofrecer todas las respuestas. En *The culture of Contentment*, el economista americano John Kenneth Galbraith afirma que este fatalismo está implícito de hecho en nuestro sistema económico, que nuestra política está profundamente influida, a lo largo de doscientos años más o menos, por la filosofía del "dejar hacer" ("laissez faire", por tanto probablemente sea culpa de los franceses). Sostiene que cualquier interferencia en el mercado tendrá un efecto nocivo. Debemos permitir que el mercado trabaje según sus principios y al final todo funcionará bien. "La vida económica tiene en sí misma la capacidad para resolver sus propios problemas y para que todo funcione bien al final" [4]. Es la filosofía que nos lleva a todos a pensar a corto plazo, ya que, como dijo Keynes, "a largo plazo todos estaremos muertos".

La Última Cena ofrece precisamente la libertad haciendo frente a la muerte, esa perspectiva de largo o

4. *The culture of Contentment* (Londres, 1992), 79.

corto plazo. Nos presenta el recuerdo de un hombre enfrentado a la muerte. Es necesario –palabra clave en el Evangelio de Marcos– que el Hijo del Hombre sea entregado para sufrir y morir. Es su destino. Y sin embargo a pesar de la destrucción, la noche antes de ser entregado, él lleva a cabo un acto de loca libertad. Toma su sufrimiento y su muerte, agarra su destino y hace de él un don. Esto es mi cuerpo y os lo entrego. El destino se transforma en libertad. Y la forma que escoge es totalmente contraria a la de *Parque Jurásico*. Es precisamente negándose a huir de los discípulos que lo traicionarán y lo negarán. Se pone él mismo en sus propias manos. Les deja hacer lo que quieran con él. Es esta una libertad diferente de la de los héroes de *Parque Jurásico* huyendo del caos de los furiosos dinosaurios. Es la libertad de pertenecer. Es la libertad más profunda que tenemos ya que somos, más allá de lo que estemos tentados a pensar, carne de la carne de nuestro hermano y no podemos prosperar solos. La libertad de huir de ello es alejarnos de lo que es más propio de nuestra naturaleza.

Si fuerais a preguntarme por lo más importante que yo he aprendido a lo largo de estos dos años como Maestro de la Orden, saltando de aeropuerto en aeropuerto, os diría que he aprendido un poquitín de lo que podría implicar la libertad de pertenecer. He visto a tantas personas, hombres y mujeres, con frecuencia miembros de órdenes religiosas, pero también laicos, que se han atrevido a agarrar esa libertad de pertenecer, de entregar sus vidas, a hacer de sus vidas un don. He aprendido un poco más lo que quiere decir celebrar la Eucaristía.

Acabo de regresar de Argelia donde nuestros hermanos han decidido quedarse, a pesar de las amenazas de muerte de los fundamentalistas islámicos, como signo de esperanza y de comunión futura. Para ellos cada Eucaristía se celebra haciendo frente a la muerte.

Recuerdo un día en el norte de Ruanda, en la zona de guerra antes de los problemas actuales. Había visitado el campo de refugiados con 30.000 personas, había visto mujeres intentando alimentar a sus hijos que ya habían rechazado el comer puesto que no tenían ánimo para seguir viviendo. Había visitado el hospital atendido por las hermanas y había visto sala tras sala con niños y jóvenes cuyos miembros habían sido amputados. Recuerdo un niño de ocho o nueve años con ambas piernas cortadas, sin un brazo y sin un ojo, con su padre llorando, sentado junto a su cama. Volvimos a la casa de las hermanas. No había nada que decir. No podíamos encontrar palabra alguna. Pero pudimos celebrar la Eucaristía, pudimos recordar la última cena. Fue lo único que pudimos hacer y lo que dio ánimos a aquellas hermanas para seguir, para *pertenecer.*

Para finalizar, ¿cómo romper el asidero, el embelesamiento de la imagen de ser humano que mantiene cautiva a nuestra cultura? ¿Cómo vamos a liberarnos de este mito reciente de que somos realmente seres solitarios, persiguiendo cada uno su propio provecho en una competición feroz? ¿Cómo podemos, como señaló Marquand, redefinir el sentir común de los doscientos años pasados y descubrir que somos hermanos y hermanas, hijos de un único Dios, y hermanos de Cristo que comparten la misma carne y no pueden encontrar satisfacción solos? La verdad más honda de nuestra naturaleza humana no es que somos avariciosos o egoístas, sino que tenemos hambre y sed de Dios y en Dios nos encontraremos unos a otros. Alasdair McIntyre sugiere que deberíamos seguir el ejemplo de nuestros antepasados en la Edad Media y formar comunidades locales "dentro de las cuales la vida moral pudiera ser sostenida para que tanto la moralidad como la cortesía pudieran sobrevivir a los tiempos de barbarie y oscuridad que están por llegar" [5]. Ciertamente una de las formas a través de las cuales podremos testimoniar lo que significa ser humano es juntarnos en pequeñas comunidades locales y reactualizar esta historia de la Última Cena con su misterio de libertad y perdón. En Inglaterra llaman a estas pequeñas comunidades parroquias. En el mundo toman formas diferentes. Deberían ser comunidades donde nos alimentáramos en el conocimiento de que el bien que buscamos no es nuestra propia satisfacción personal sino el bien común. Pero no deberían ser pequeños grupos interesados sólo en sí mismos, celebrando sus propia camaradería. Personalmente no podría soportar tal cosa. Aquí deberíamos alentar un sentido más amplio de *pertenencia,* gustar nuestra comunión con todos los demás hermanos, los santos y los pecadores, y el vivir y el morir.

5. *After Virtue* (Londres, 1981), 244.

2
Verdad y conflicto

La mayor parte de mi vida adulta ha estado comprometida con la Universidad, como estudiante, como capellán y, finalmente, como profesor. Durante doce años, como miembro de la comunidad dominicana en Oxford, enseñé en su Universidad.

Hace ocho años, esta feliz vida académica de dar clases y conferencias y, a veces, de dormir en la Biblioteca Bodleian, desembocó en un final inesperado. Tras unos pocos años como Provincial de Inglaterra, fui destinado a Roma. Eso significó sustituir bibliotecas por aeropuertos. En mi primer año como Maestro de la Orden Dominicana visité ochenta y tres países. Me enfrenté a un mundo cuya violencia y pobreza jamás había imaginado. Descubrí que para muchísimos de mis hermanos y hermanas pertenecer hoy a una orden religiosa significa vivir en un peligro constante.

Nunca olvidaré un viaje a Ruanda cuando el país comenzaba a entrar en erupción. Después de un día enfrentado a tanta violencia, a tanta miseria, nos quedamos sin palabras. No había nada que decir. Gracias a Dios, literalmente, se nos ofreció algo que hacer: la celebración de la Eucaristía, un rito para expresar aquello que no podíamos articular. Luego vinieron las visitas a Argelia donde nuestros hermanos viven diariamente en riesgo de muerte. En agosto de 1996 me quedé con los hermanos que trabajan en la cuenca del

Amazonas y que reciben de forma regular amenazas de muerte de los terratenientes locales, quienes abiertamente reconocen que liquidan a cualquiera que se les oponga, llegando a veces a cocer sus cuerpos para dar de comer a los cerdos. Cuando recientemente me encontré con un grupo de hermanos y hermanas de Estados Unidos y les pregunté cuál creían ellos que es hoy el principal desafío para nosotros en América, también manifestaron que era la violencia.

Dos vidas muy diferentes, pues. Sería fácil sugerir que tras años viviendo en una torre de marfil en la Universidad, por fin me he encontrado con el mundo tal como es, el "mundo real", como dicen algunos. Mi reacción es diferente, sin embargo. He llegado al convencimiento, más que nunca, de la importancia de los lugares de reflexión e investigación si hemos de curar a nuestra sociedad de su violencia y reconstruir la comunidad humana.

1. Más allá de la visión única

Una de las raíces de esta crisis social –hay por supuesto otras–, es lo que podríamos denominar la crisis de la verdad. Me pregunto si ha habido alguna vez un siglo tan violento, con la Primera Guerra Mundial y sus millones de muertos en los campos de Concentración de Auschtwitz y Dachau, las bombas de Hiroshima y Nagasaki y la interminable sangría de la sociedad humana desde entonces en guerra, pobreza e inanición. Hay muchas razones para esto, desde la globalización de la economía, hasta el desarrollo de la tecnología. Sin embargo una de las raíces de esta violencia está seguramente en que hemos perdido la confianza o la habilidad para buscar juntos la verdad y, en consecuencia, la posibilidad de construir una casa humana común en la que podamos reconocernos a nosotros mismos y reconocernos los unos a los otros. En su poema "La segunda venida", Yeats describe un mundo que se desintegra e insinúa las raíces de esa crisis:

Tornar y tornar en el giro que se ensancha
el halcón no puede oír al halconero,
las cosas se derrumban; el centro no se puede detener;
pura anarquía se descarga sobre el mundo
la ola mortecina de sangre se libera y en todas partes
se ahoga la ceremonia de la inocencia.
Los buenos carecen de toda convicción, mientras los malos
están llenos de una fuerza pasional.

"Los buenos carecen de toda convicción". G. Steiner escribió un libro titulado: *Presencias reales ¿Hay algo en aquello que decimos?* El título lo dice todo. Steiner sostiene que la profunda crisis que vivimos hunde sus raíces en el siglo pasado, y en el colapso de la fe compartida de que nuestras palabras tienen algo que ver con el estado en que están las cosas. Ya no revelan nada. El pacto entre la palabra y el mundo está roto. Escribe:

"Es esta ruptura del pacto entre la palabra y el mundo lo que constituye una de las pocas auténticas revoluciones del espíritu en la historia occidental y lo que define la propia modernidad"[1].

Y esta es quizá la tentación de quienes trabajan en instituciones académicas, un profundo escepticismo hacia las exigencias de la verdad. Somos capaces de

1. *Real presences. Is there anything in what we say?* (Londres, 1989), p. 93.

descubrir cómo los modelos de dominación pueden deformar nuestra percepción del mundo, cómo el patriarcado y el racismo corrompen y traicionan, y sin embargo permanecen resistentes ante cualquier demanda positiva en lo tocante a cómo están las cosas. Tal vez seamos más propensos a aceptar la autenticidad de una persona que la verdad universal de una declaración. Por citar a Yeats una vez más: "un hombre puede encarnar la verdad, pero no puede conocerla".

Pero la otra cara de la modernidad son "los malos", que "están llenos de fuerza apasionada". Leí la reseña de un libro de Ben Kieran, que participa en el programa de Yale sobre el genocidio de Camboya. Lo que él describe es la crucifixión de todo un país en la cruz de un dogma. Cita a una persona que fue deportada de Phnom-Penh en 1975: "Si decíamos algo ellos solían replicar que estábamos obstruyendo la rueda de la historia. Perderíamos nuestros brazos y nuestras piernas". Un pueblo literalmente despedazado por una visión del mundo, roto sobre la rueda de la historia.

2. El fundamentalismo

William Blake oró así una vez:

> *"Que Dios nos libre de una única visión y del sueño de Newton"*[2].

Es esta unicidad de visión lo que constituye la otra cara de la modernidad. Su expresión más agresiva puede hallarse en el fundamentalismo religioso. La muerte de los siete monjes trapenses en Argelia, en Mayo, asesinados por los fundamentalistas islámicos,

2. Carta a Thomas Butts 22 de Noviembre 1802 –versos compuestos mientras caminaba, de Felpham a Havant.

se yergue como un símbolo vigoroso frente al fundamentalismo que es tan característico de casi todas las religiones al final de este milenio. El cristianismo no es inmune a ello, ya sea en el fundamentalismo bíblico en el que fácilmente puede caer el protestantismo, o bien en el fundamentalismo dogmático fácil tentación para algunos católicos.

Yo no creo que haya nada especialmente religioso en el tema del fundamentalismo. No es el último resorte al que se agarre la religión en un momento secular. De hecho esa atención exagerada al texto me parece a mí que es un aspecto de la cultura científica que está en el centro de la modernidad. Después de todo, Blake reza para liberarse de una visión única y del sueño de Newton. El fundamentalismo religioso puede parecer como una protesta contra los males de un mundo secular, pero es lo que le sucede a la religión cuando llega a estar infectada por el literalismo que ha sido algo tan característico de una cultura científica.

Los más penetrantes y destructivos de todos los fundamentalismos de este siglo han sido seguramente seculares. La "visión única" del comunismo ha sido para América el gran enemigo la mayor parte de este siglo y quizá tal vez por ello estemos un poco perdidos ahora que ese enemigo apenas tiene ya fuerza. Pero se refleja en otra "visión única" que está devastando el planeta: la del mundo como mercado en que todos somos reducidos a consumidores, a comer y ser comidos. Es claro que no salimos a la calle y disparamos a quienes no creen en la economía de mercado, pero en todo el planeta ésta es la visión del mundo que está destruyendo la comunidad humana y conduciéndola a la muerte.

Karl Polanyi escribió un libro hace 50 años titulado: "La gran transformación: los orígenes políticos y económicos de nuestro tiempo", donde describió las raíces de este modo de contemplar el mundo. En el fondo hay un engaño, y es creer que cabe considerarlo todo como una mercancía. La vida humana y el trabajo, la tierra, el dinero, todo puede verse como bienes producidos para el mercado, producto para la venta. Esto es un engaño y una impostura: el "engaño de la mercancía".

Este es el fundamentalismo más extendido en nuestra época y mantenido con pasión religiosa. El otro día en Francia vi un programa sobre cómo ser amable con los turistas. Su conclusión era: "Decir *'bonjour'* es un acto comercial". En Inglaterra incluso los equipos de fútbol se han convertido en simples competidores del mercado y un año bueno para el Manchester United es aquel en que gana dinero lo mismo que gana partidos.

Lo que estoy intentando evocar, en unas cuantas pinceladas, es esa crisis de verdad que yo creo subyace en el corazón de mucha de la violencia de nuestro tiempo.

"Los mejores carecen de toda convicción, los peores están llenos de una fuerza apasionada". La modernidad se caracteriza por el escepticismo de los que están tentados a no creer que nuestras palabras puedan decir algo y la intolerancia de quienes creen que sus palabras lo dicen todo. De seguro que tanta guerra, genocidio e intolerancia hallan sus raíces en el colapso de la fe en que, al hablar unos con otros, podemos llegar a la verdad común y en ella reconocernos los unos a los otros. No hay mucho espacio para el diálogo cuando estamos atrapados en las tentaciones gemelas del relativismo y la ideología.

3. Aspirar a alcanzar la verdad

Siempre que emprendo un viaje la decisión más dura que he de tomar es qué libro llevar conmigo. ¿Qué puedo leer en los aviones o mientras espero en los aeropuertos para librarme de la muerte cerebral? En mi último viaje decidí llevarme "La idea de una Universidad", de Newman. Su definición de la finalidad de una Universidad nos parecerá excesivamente optimista. La universidad existe, escribe, para educar "el intelecto a razonar bien en todos los campos, para aspirar a la verdad y para atraparla con avidez"[3]. Hay una maravillosa confianza victoriana en esa declaración: "Aspirar a la verdad y agarrarla con avidez". Para nosotros tiene cierto tufillo de arrogancia.

Pero encontré fascinante la descripción de Newman de cómo la universidad nos entrena para aspirar a alcanzar la verdad. "Conocemos, dice, no por una visión directa y simple, no de un vistazo, sino más bien como si fuera por fragmentos y acumulación, por un proceso mental dando vueltas al objeto, a través de la comparación, la combinación, la corrección mutua, la continua adaptación de muchos conocimientos parciales, a través de la concentración y acciones coordinadas de muchas facultades y ejercicios de la mente"[4].

El proceso de buscar la verdad, pues, no se da para Newman a través de una percepción directa y unívoca de una visión única, sino a través de una aproximación mucho más incierta, tambaleante, humilde, intentando hacer camino a través de "muchas nociones parciales". Esto me recuerda lo que ha sido mi propia experiencia al intentar comprender textos de la Sagrada Escritura. No se puede llegar y afirmar su significado con la ayuda de una gran teoría. El estudio se parece mucho más a una aproximación lenta al texto, intentando un enfoque, luego otro, avanzando paso a paso hacia la comprensión. Se puede comenzar por un estudio histórico crítico y luego llegará un momento en que percibimos que esto no da más de sí e intentar deslizarse hasta el texto a través de una perspectiva sociológica. Después

3. Discourse VI, 1.
4. Discourse VII, 1.

puede que llegue el momento de un análisis un tanto literario. Tomando una imagen de Wittgenstein, hay que ser como el carpintero que sabe cuándo usar cada herramienta; cuándo usar un martillo y cuándo se necesita cola o cuándo echar mano del destornillador.

Emily Dickinson describe muy bien cómo tiene uno que escurrirse en la verdad sesgadamente, más que agarrarla por la melena.

Di toda la Verdad, pero dila de soslayo
el éxito se halla en el rodeo.
Demasiado brillante para nuestro débil deleite
la espléndida sorpresa de la verdad.
Como el relámpago alivió a los niños
con amables explicaciones,
la verdad debe encandilar de forma gradual
o el hombre permanecerá ciego para siempre.

Avanzar cautelosamente hacia la verdad de un texto o de una persona es siempre cuestión de dejarse modelar por "la espléndida sorpresa de la verdad". Es permitirse uno mismo ser sorprendido, descubriendo que uno no sabía de antemano lo que iba a descubrir.

Quizá la primera exigencia de un buen profesor universitario es que él o ella se niegue a ser un gurú, ser el que sabe. Santo Tomás sostenía con fuerza que nadie puede, hablando estrictamente, enseñar nada a nadie. Todo lo que puede hacer un profesor es acompañar a los estudiantes en su proceso de descubrimiento.

4. El papel de la Universidad

Así pues, en un tiempo de agnosticismo y ayatolahs, la función de la universidad es ser el lugar donde aprendemos que la verdad puede ser buscada. La verdad no es ser apresados por la claridad de una única visión, sino ser sorprendidos, a través de nociones parciales y muchas teorías inadecuadas, por medio de toda clase de herramientas, llegándonos finalmente como una sorpresa y un don. En ese sentido, la función paradójica del profesor es introducirnos en la humildad del aprendizaje. No porque tengamos que aprender a someternos a un profesor, sino porque el profesor se muestra a sí mismo como alguien que va en ese camino, el profesor como discípulo amigo.

No estoy sugiriendo que las universidades sean los únicos lugares en los que podamos ser iniciados en la búsqueda de la verdad. Las familias, los monasterios, los grupos de mujeres, las asociaciones, las órdenes religiosas, los colegios o los artistas, todos deberían ser lugares también para aprender. Pero desde el siglo trece la Universidad ha sido un lugar central para mantener vivo este hambre de verdad.

Para decirlo claramente, si la universidad asume este papel de rechazar las visiones únicas que gobiernan el mundo, bien sea comunista o consumista, necesitará una auténtica independencia de mente y corazón. Creo que no deberíamos infravalorar el coste potencial de nuestra libertad intelectual frente a las ideologías dominantes en nuestra sociedad. ¿Podríamos resistir la sutil presión para redefinir nuestro programa a cambio de las copiosas ganancias de las corporaciones?

Es esta una pregunta que Seamus Heaney señala deliciosamente en su poema "Versos para la inauguración de Fordham":

O no es una alianza desafortunada,
las torres de marfil en un mundo de violencia
y el dinero corporativo.
¿Son los muros de los colegios, tal vez, puertas
cerradas a los trabajadores y a los pobres
mientras los privilegiados y los menos
ignoran a los muchos desaseados?

Os aliviará saber que, al final, él disculpa a la Universidad.

Creo que no es una coincidencia que la subida al poder de Mrs. Thatcher y su ideología de mercado contemplaran la clausura de docenas de facultades de filosofía en Gran Bretaña. La filosofía no da dinero.

5. Hablar con el extraño

Me gustaría ahora examinar otro aspecto y es que las universidades deberían ser espacios donde aprendiéramos a hablar con el extraño. Una de las consecuencias del conflictivo fundamentalismo de nuestros días es que los que son diferentes se convierten no sólo en extraños, sino en enemigos con quienes es imposible hablar.

¿Cómo podemos aprender a hablar con el extraño? ¿Qué conversación podemos iniciar con aquellos que son distintos? Y ¿qué papel pueden jugar las universidades en nuestra preparación para ese diálogo?

La experiencia más dramática que he tenido del dolor del diálogo fue en Burundi hace unos dos años. Fue en la primera explosión de violencia que mató a unas cien mil personas. Sería como si en EEUU fueran asesinados cuatro millones. Nuestros hermanos de Burundi proceden de los dos grupos étnicos y todos han perdido hermanos y hermanas y familiares. La lucha consistía en testificar el Evangelio, de alguna forma, permaneciendo juntos. Visité el país con el superior local, un tutsi, y un miembro del consejo general de la Orden, un hutu. Antes de partir nos reunimos todos para celebrar la Eucaristía, el sacramento de la unidad. Pero, ¿qué podíamos decirnos unos a otros? Como en Ruanda, lo más importante era qué podíamos hacer, repitiendo los gestos realizados por un hombre al enfrentarse a su traición y muerte. Cada hermano tuvo la oportunidad de hablar de su sufrimiento, de las personas que había perdido, de forma que ese gesto los uniera en el sufrimiento y no fueran divididos por él.

Una de las funciones de la Iglesia, y de una Orden religiosa, es intentar estar presente en aquellos lugares de sordera e incomprensión, para ofrecer un espacio donde pueda iniciarse el diálogo. Pienso en una comunidad ecuménica que yo visité en Belfast, justo en la frontera entre las tierras tribales de católicos y protestantes. Era un lugar donde unas pocas personas, almas valientes, podían pacíficamente intentar tejer un lenguaje común. Eran, sobre todo, las mujeres las que tenían valor para hacer esto. Uno de nuestros hermanos dominicos, Pierre Claverie, el último obispo de Orán, en Argelia, escribió:

> *"La Iglesia cumple su vocación y su misión cuando está presente en las rupturas que crucifican a la humanidad en su carne y en su unidad. Jesús está muerto, águila extendida entre el cielo y la tierra, brazos estirados para abarcar a los hijos de Dios dispersados por el pecado que los separa, los aísla y los enfrenta a unos contra otros y contra Dios mismo. Dios se ha colocado a sí mismo en la línea de ruptura nacida de este pecado. En Argelia estamos en una de estas líneas sísmicas que dividen el mundo: Islam-Occidente, Norte-Sur, ricos-pobres. Estamos en nuestro lugar verdaderamente, ya que es aquí donde uno puede vislumbrar la luz de la Resurrección" (El obispo Claverie fue asesinado por una bomba colocada por los fundamentalistas islámicos, en Agosto de 1996).*

Pero, ¿cómo podemos aprender a conversar con los extraños en estos lugares difíciles? Yo sugeriría que la

Universidad debería ser uno de esos lugares en los que aprendemos a conversar con aquellos que son diferentes. Steiner escribió: "El recelo al encuentro con el otro implica tanto miedo como comprensión"[5]. El encuentro con el otro es un momento de temor, pero puede convertirse en un momento de reconocimiento, de comprensión. El pensar puede abrir mis ojos, reconocer al extraño y construir la casa común de los hombres.

Parte de nuestro aprendizaje está seguramente en aprender a leer los textos escritos por los extraños y llegar a comprenderlos. Luchar con S. Pablo o S. Agustín, con Descartes o con los textos de la revolución francesa, requiere de uno apertura hacia el otro. No es distinto de una educación en la amistad. Nicholas Lash defiende esto con fuerza:

> *"Un buen aprendizaje necesita, no menos que una buena enseñanza, cortesía, respeto, una especie de reverencia: ya que los hechos y las personas, la evidencia y la discusión, los climas de conversación y modelos de comportamiento difieren de los nuestros. La atención es ciertamente conveniente, pero la sospecha interminable y la desconfianza no lo son. Hay afinidades entre la cortesía, la delicadeza de la atención, exigidas por la amistad; la sincera y apasionada imparcialidad sin la cual ningún trabajo académico se puede realizar; y la contemplación, sin credulidad, que exige escuchar la voz de Dios que no grita"*[6].

La palabra "imparcialidad" merece detenimiento. Sugiere que la universidad debería ser el lugar de una comprensión alternativa de la realidad.

5. *Real Presences*, p. 139.
6. *Believing three Ways in One God*. Londres, 1992.

6. Desposeimiento

Pero ¿en qué sentido ofrece el trabajo del estudio una comprensión imparcial de las cosas? Sería fácil y erróneo confundir esto con el distanciamiento, un desentenderse del interés y el compromiso. Eso sería la "falta de convicción" de los mejores. Y es seguramente una tentación del mundo académico, caer en una especie de desapego crítico que libera nuestros corazones de los riesgos de la obligación y el compromiso, so capa de libertad intelectual. Enfrentados con nuestro mundo violento y desordenado, podemos exigir un desapego académico que justifique mantener limpias nuestras manos.

Sospecho que la imparcialidad que tiene Lash in mente es bien distinta. Es un rechazo a permitir que la comprensión de algo esté dominada por un "interés". Es la tentación de cualquier visión única. Los Jemeres Rojos no veían a sus prisioneros como individuos sino que estaban interesados en ellos simplemente como operaciones de la rueda de la historia, actores en la gran lucha de clases. La sociedad de consumo no encontrará deleite en la vaca en cuanto tal, sino que la ve como un provecho potencial, a no ser que la vaca resulte ser "una vaca loca" inglesa... En esta cultura de la avaricia, por tanto, quizá el estudio exija de nosotros un cierto estilo de vida, una cierta libertad frente a la codicia. Puede que tengamos que aprender a ver las cosas con ojos de desposeimiento. No es mera coincidencia que, cuando Sto. Domingo fundó una orden dedicada al estudio, puso la pobreza en el centro de nuestro estilo de vida. La imparcialidad de un hombre docto no es el desapego de alguien que se abstiene. Se asemeja más a la imparcialidad de la amistad.

Así pues, aprender a estudiar el texto de los extraños es parte de mi formación humana, y me forma como alguien capaz de relacionarse con el otro: otro tiempo, otro punto de vista, otra persona. Las Constituciones de mi Orden hablan del estudio como de "cultivo de la inclinación natural de la humanidad hacia la verdad". Esta inclinación hacia la verdad que necesitamos cultivar no es solo un deseo humano de conocer muchas cosas, sino un deseo natural por alcanzar a aquellos que son diferentes, de romper ese cerco estrecho de nuestro egoísmo. Nos despierta de la ilusión de creer que somos el centro del mundo. Bien estudiemos el Evangelio de Marcos, o las costumbres sexuales de un raro caracol, nuestros ojos están abriéndose para ver lo que es el otro. El estudio es un éxtasis.

Yo llegaría incluso a decir que el estudio puede tocar y sanar el hambre más profunda del ser humano, que no es otro que el amor. La comprensión de los otros se corresponde con amarlos. Como escribió Simone Weil: "Sólo se reconoce plenamente la existencia de aquellos a los que sea ama"[7].

Por ejemplo, la conversión de Agustín al cristianismo fue tanto un enamorarse como un momento de comprensión. Fue un acto intelectual y una transformación de su corazón: Tarde te amé, oh hermosura tan antigua y tan nueva; tarde te amé... Te saboreé y ahora tengo hambre y sed de ti; me tocaste y me has quemado para tu paz... Pero ese enamoramiento vino de escuchar la orden de un niño: "*Tolle, lege, tolle, lege*: Toma, lee, toma lee". Como dijo Angela Tilby:

"Sin libros, sin lecturas, nuestra comprensión está falta de información, nuestro juicio estrecho... A veces creo que Dios preferiría que fuéramos cultos más que indiscriminadamente interesados. Agustín se encontró a sí mismo a través del grito de un niño y de un texto

7. *Cahier II*. París, 1953, p. 227.

desafiante. Encontró al Dios en las páginas de un libro, y eso rompió su corazón y lo convirtió en un hombre libre"[8].

7. Seres sociales

Pero si las universidades han de entrenarnos en el delicado arte de conversar con los extraños, entonces no es suficiente que luchemos con textos e intentemos comprender a los muertos. La universidad contribuirá definitivamente a construir la comunidad humana y al arte del diálogo si sus miembros son capaces de conversar unos con otros. Newman escribió una vez que si tuviera que escoger entre una universidad con profesores muy bien preparados y exámenes rigurosos, y otra en la que muchos jóvenes se encontraran sin más y debatieran unos con otros, sin dudarlo escogería la segunda. Ya que la función primaria de una universidad es enseñarnos a ser seres sociales, capaces de conversar, escuchar y aprender de aquellos que son diferentes de nosotros.

Esta es una idea maravillosa. Sin embargo en mi experiencia esto puede ser duro. ¿Hasta qué punto somos caces de discutir con nuestros colegas, y buscar la verdad juntos? ¿Hasta qué punto estamos abiertos a que nuestras teorías favoritas sean cuestionadas? Tal vez el desafío más grande al que se enfrentan las universidades, si han de contribuir a la sanación de nuestro mundo maltrecho, es aprender el placer del debate con aquellos que son diferentes. Como dijo Theodore Zeldin:

> *"Desgraciadamente, aunque los humanos rumian, piensan, se alimentan, juegan con ideas, sueñan y*

8. Pensamientos para el día, BBC Radio 4, 13 de Mayo, 1996, citado en *The Tablet,* 5 de Junio de 1996, p. 792.

hacen deducciones inspiradas sobre los pensamientos de otras personas constantemente, no ha habido un Kamasutra de la mente para revelar el placer sensual de pensar, mostrar cómo pueden coquetear unas con otras y aprender a abrazar"[9].

Cuando yo era un joven estudiante dominico practicábamos aún una versión de la *disputatio* medieval. Esta era una forma de debatir algo fundamental para la vida de la universidad del siglo trece, e incorpora una visión de lo que una universidad debería ser. En la *disputatio* el objetivo no era tanto demostrar que tu oponente estaba completamente equivocado en todos los sentidos, y por ello ridiculizarlo y descartarlo como a un loco. En vez de eso tú tenías que demostrar con exactitud en qué tenía él razón. El objetivo era que, a través del desacuerdo y la crítica mutua, se llegara a una verdad común, que fuera capaz de encajar con lo que había de verdad en cada posición.

Tal vez en las universidades nos ha seducido la forma competitiva del debate, que es tan ciego y violento como la lucha de las especies para sobrevivir en la jungla darwiniana, o algo tan sin sentido como la lucha por la superioridad entre Coca-Cola y Pepsi-Cola. Sin embargo nosotros estamos llamados a ser un lugar de contra-cultura, de una forma diferente de relacionarnos, a través de la cual uno cree que puede aprender algo de aquellos con quienes está en desacuerdo. Esto requiere de nosotros compasión y vulnerabilidad.

Me gustaría concluir con un poema de Czeslaw Milosz, en alabanza a la razón "hermosa e invencible". Expresa algo de la vocación de la universidad. Y esta razón que él ensalza seguramente no es la razón arrogante de la única visión, que cree poder agarrar la

9. *An Intimate History of Humanity*, Londres, 1994, p. 442.

verdad con una claridad y una arrogancia indudables, sino aquella razón más humilde que llega a una justa comprensión con dudas, a través de muchas "nociones parciales", usando todas las herramientas que puede encontrar, deleitándose en el debate y en el diálogo.

La razón humana es hermosa e invencible.
Sin barras, ni alambradas punzantes, sin la hinchazón de los libros,
sin frases de proscripción que puedan prevalecer contra ella.
Ella establece las ideas universales en el idioma
y guía nuestra mano para que escribamos Verdad y Justicia
con letras mayúsculas, mentira y opresión con minúscula.
Ella coloca aquello que debería estar por encima de las cosas tal como son,
es enemiga de la desesperanza y amiga de la esperanza.
No distingue al griego del judío o al esclavo del dueño
dándonos la condición para dominar el mundo.
Ella preserva las frases austeras y transparentes
de la discordia inmunda de las palabras torturadas.
Dice que todo es nuevo bajo el sol,
abre las manecillas congeladas del pasado.
Hermosas y muy jóvenes son la Filo-Sofía
y la poesía, sus aliadas en el servicio del bien.
Tan lejos como el ayer la naturaleza celebró su nacimiento,
la noticia fue llevada a las montañas por un unicornio y el eco.
Su amistad será gloriosa, su tiempo no tiene límite.
Sus enemigos se han entregado a sí mismos a la destrucción.

3
La identidad del religioso hoy

Recuerdo que, hace muchos años, me dirigía a mi primera reunión de la Conferencia de Superiores Mayores de Inglaterra y Gales. Nervioso, me puse el hábito y bajé al encuentro de la gente. En la escalera me detuvo una hermana furiosa, a la que nunca había visto antes. Me miró con desprecio y dijo: "¡Debe sentirse muy inseguro si necesita ponerse esa cosa!".

1. ¿DÓNDE HAN IDO A PARAR LAS VOCACIONES?

Durante bastante tiempo los religiosos hemos estado preocupados por nuestra identidad. ¿Quiénes somos? ¿Cómo debemos encajar en el tejido y en las estructuras de la Iglesia? ¿Somos clérigos, laicos, o alguna especie híbrida particular? Creo que ninguna respuesta nos servirá de ayuda a menos que partamos del hecho de que compartimos una crisis de identidad con otra mucha gente de nuestro tiempo. ¿Qué nos hace especiales? Ciertamente no el hecho de tener una crisis de identidad. Esta es una parte del lote común que compartimos con otros. Sólo vale la pena que reflexionemos sobre ella si nos ayuda a vivir la Buena Nueva para todas esas pobres almas que están obsesionadas por la misma pregunta: ¿"Quién soy yo"?

Por favor, perdonen si comparto con ustedes algunas simples obsesiones sobre por qué esta cuestión de la identidad es una obsesión de la modernidad. Hemos visto una profunda transformación social durante este siglo, y especialmente desde 1945. En Europa, y supongo que también en Estados Unidos, hemos asistido al debilitamiento de toda clase de instituciones que daban una identidad, que definían una profesión, un papel, una vocación. Las universidades, las profesiones médicas y jurídicas, los sindicatos, las iglesias, la prensa, diversos oficios... todas esas instituciones ofrecían a la gente no sólo la manera de ganarse la vida, sino un camino para ser persona, un sentido de vocación. Ser músico, abogado, maestro, enfermera, carpintero, fontanero, granjero, sacerdote, etc., no sólo significaba tener un trabajo, era ser alguien; se pertenecía a un cuerpo de gente con una serie de costumbres que definían la conducta adecuada, que compartían una sabiduría, una historia y una solidaridad.

Lo que hemos visto en los últimos años es el corrosivo efecto de un nuevo y más simple modelo de sociedad, según el cual nos hemos encontrado todos a nosotros mismos siendo miembros de un mercado global, comprando y vendiendo, siendo comprados y vendidos. Las instituciones básicas de la sociedad civil que fundamentaban las profesiones y vocaciones han perdido mucho de su autoridad e independencia.

Como todo lo demás, deben someterse a las leyes del mercado. En Inglaterra, incluso los equipos de fútbol existen ahora menos para jugar al fútbol que para obtener beneficios.

Se hizo cada vez menos evidente poder elegir qué hacer con la propia vida. Había que seguir las leyes de la oferta y la demanda. No es que los religiosos hubiéramos perdido el sentido de la vocación, es que la mera idea de vocación se hizo problemática. Nicolás Boyle, un filósofo inglés, escribió: "Ya no hay más vocaciones para nadie; la sociedad ya no está compuesta por personas que consagran su vida en tal o en cual dirección particular, sino por funciones que deben ser desempeñadas sólo mientras exista un deseo que satisfacer"[1]. Todas estas profesiones, empleos y especialidades eran como pequeños ecosistemas que ofrecían diferentes modos de ser seres humanos. Se han debilitado y desmoronado, como los frágiles *hábitats* de los escasos sapos y caracoles. La sociedad se está homogeneizando. Todo lo que queda es el individuo y el Estado, o quizás el consumidor y el mercado. Mucho más simple, pero más solitario y vulnerable.

Sospecho que en la Iglesia hemos sufrido el soplo de ese mismo viento frío, que nos deja siendo una comunidad más simple y menos confiada, porque la Iglesia forma parte también de la sociedad civil. Hemos sido una sociedad compleja, con todo tipo de instituciones que nos daban una identidad: también nosotros teníamos universidades, hospitales, escuelas, profesiones, y sobre todo, órdenes religiosas, que ofrecían a la gente vocaciones, identidades que eran apoyadas, respetadas y honradas.

La Iglesia tenía toda clase de jerarquías y estructuras que se equilibraban mutuamente. ¡Ser madre superiora o directora católica significaba ser alguien importante! Los sacerdotes temblaban cuando llamaban al timbre de la puerta. Pero de algún modo nuestra Iglesia ha sufrido una transformación similar a la del resto de la sociedad. Y lo que queda de nosotros ya no es el consumidor individual y el Estado o el Mercado, sino el creyente individual y la Jerarquía. Hemos perdido confianza en las otras identidades. Y quizá sea esta una razón por la que la cuestión del sacerdote, y del que aspira a serlo, es un tema candente para nosotros. Porque si no

1. "Understanding Tatcherism", *New Blackfriars,* p. 320.

tienes un pie en esta escalera, no puedes llegar a ser alguien que realmente cuente.

¿Quiénes somos nosotros, los religiosos? ¿Cómo encajar en el tejido y la estructura de la Iglesia? A menudo intentamos responder situándonos nosotros mismos como jerarquía. ¿Somos laicos o clérigos, o algo a mitad de camino entre los dos? O podemos responder situándonos en contra de la jerarquía, como profetas que sacuden los puños contra la Iglesia institucional. Pero este es un mapa equivocado. Es como si alguien buscara las Montañas Rocosas en un mapa que presentara las fronteras de los Estados de América. ¿Están en Colorado o en Wyoming? ¿Por qué no podemos ver las montañas?

El mapa de la Iglesia, que representa a la jerarquía, es bueno y válido. Todos estamos en él de un modo u otro. Algunos religiosos somos laicos, otros sacerdotes, y algunos incluso obispos. Pero no podemos usarlo para localizar la vida religiosa. No nos muestra quiénes somos, lo mismo que las Rocosas no figuran en un mapa que sólo tiene los límites de los estados. Y ni siquiera puedes tener indicio de dónde están. Donde no hay ciudades podría haber algunas montañas. Pero necesitas otra clase de mapa si quieres verlas claramente.

La gente se queja a menudo de la clericalización de la Iglesia. Resulta paradójico que en el Concilio Vaticano II proclamáramos una nueva teología de la Iglesia, descubriéramos una teología del laicado, fuéramos todos parte del pueblo de Dios peregrinando hacia el Reino. Pero de hecho parece que la Iglesia se ha vuelto incluso más clerical. En lugar de atribuir esto a un siniestro complot, yo creo que debemos considerarlo en el contexto de la profunda transformación de la cultura occidental. En el mundo del mercado global no hay lugar para gente que tenga vocación, bien sea de maestros, de enfermeras o de religiosos. Un trabajo es simplemente la respuesta a una demanda Y así, cuando la

Iglesia Católica entró en el mundo moderno como una explosión, cuando el Papa Juan XXIII abrió las ventanas, un viento frío aventó también dentro de la Iglesia todas las demás frágiles identidades vocacionales. Frente a la clericalización de la Iglesia, por supuesto que hay que dar pasos para abrir posiciones de influencia a los laicos y a las mujeres, a fin de que cese la dominación de la clase clerical. Pero ese es tema para otra conferencia. Lo que yo estoy diciendo aquí es que sería un error pensar que la respuesta a nuestra crisis de identidad es abolir toda Jerarquía y caminar hacia una Iglesia que se parezca más a nuestra sociedad liberal e individualista. Esto no nos daría lo que queremos. Lo que podemos ver en nuestra propia sociedad, en las calles de nuestras grandes urbes desiertas, es que el individualismo es cruel. Crea desiertos urbanos en los cuales pocas personas pueden florecer realmente. Una antropóloga, Mary Douglas, sostiene que a las mujeres, por ejemplo, les iría peor en una sociedad más individualista. Escribió que *"los procesos del individualismo degradan a los fracasados económicamente, y sólo pueden crear abandonados y mendigos. Los miembros de una cultura individualista no son conscientes de su conducta excluyente. La condición de los excluidos, de manera no intencional, por ejemplo los mendigos durmiendo en las calles, sorprende a los visitantes de otras culturas"*[2].

Según Mary Douglas, una sociedad sana es la que tiene todo tipo de estructuras que se contrarrestan y de instituciones que dan voz y autoridad a los diferentes grupos, de modo que no haya una clase de seres humanos que domine ni un único mapa que te diga cómo están las cosas. Quizás lo que necesitamos no es reproducir el desierto homogéneo del mundo consumista,

2. Mary Douglas, *In the Wilderness: The Doctrine of Defilement in the Book of Numbers* (Sheffield 1993), 46.

sino más bien parecernos a un bosque forestal que tiene toda clase de nichos ecológicos para las diferentes posibilidades de vida humana. En ese sentido, no necesitamos menos jerarquía, sino más. Necesitamos cantidad de instituciones y estructuras que reconozcan y den la palabra y la autoridad a toda esta diversidad de modos de ser miembros del pueblo de Dios, tanto mujeres como parejas casadas, académicas, doctores y órdenes religiosas. En la Edad Media más bien era así. El emperador y la nobleza, las grandes abadías de hombres y mujeres, las universidades y las órdenes religiosas... todos ofrecían focos alternativos de poder e identidad. Teníamos muchos más mapas en los que las personas podían encontrarse a sí mismas.

Leí una vez en el Cardenal Newman, y después no he podido nunca encontrar dónde, que la Iglesia florece cuando reconocemos las diferentes formas de autoridad. Menciona en concreto la tradición, la razón y la experiencia. Cada una pide respeto y necesita instituciones y estructuras que la sustenten. La tradición está salvaguardada por los obispos, la razón por las universidades y centros de estudio, y la experiencia por toda clase de instituciones, desde las órdenes religiosas hasta la vida de matrimonio, allí donde la gente escucha la Palabra y reflexiona sobre ella en su propia vida. Lo que necesitamos no es el individualismo del moderno desierto urbano, sino algo más parecido a un bosque húmedo, con toda clase de nichos ecológicos para animales diversos que puedan crecer y multiplicarse y alabar a Dios con mil voces diferentes.

¿Quiénes somos nosotros los religiosos y cuál es nuestra vocación en la Iglesia? La respuesta a esta cuestión importa, pero no precisamente porque pueda darnos confianza para ir tirando e incluso para atraer nuevas vocaciones. Es importante porque para responderla tenemos que reflexionar sobre esa crisis de identidad que aflige a mucha gente hoy; nadie ha sido creado por Dios para ser un consumidor o un trabajador, para ser vendido y comprado en la plaza del mercado como un esclavo. Si podemos recuperar la confianza en nuestra vocación, seremos capaces de mostrar algo de la vocación humana. La salida que encontremos atañe al significado mismo del ser humano.

2. La identidad como vocación

Leí el otro día que un niño americano de trece años llamado Jimmy tuvo problemas porque él y su familia insistían en su derecho de llevar un pendiente en la escuela. Se fundaban en que "cada persona tiene derecho a escoger quién es".

Desde luego, en cierto sentido uno se inclina a aplaudir a Jimmy. No le falta razón. Corresponde al hecho de ser alguien, de tener una identidad, el poder hacer opciones significativas y decir: "Este soy yo. Yo quiero llevar esos pendientes". Pero no se puede escoger el ser absolutamente cualquiera. Si yo decidiera ponerme pendientes, ropa de cuero y circular por Roma en moto, supongo que mis hermanos me pondrían objeciones y me dirían: "Timothy, ese no eres tú". ¡Al menos espero que lo hicieran! Yo no puedo decidir ser un *punk*, lo mismo que no puedo decidir ser Tomás de Aquino.

Ser alguien es ser capaz de tomar decisiones significativas sobre su propia vida, pero de algún modo esas decisiones deben estar relacionadas, componer una historia. Se tiene una identidad porque las opciones que uno hace a lo largo de su vida tienen una dirección, una unidad narrativa[3]. Lo que hago hoy debe tener sentido

3. Cf. Alasdair MacIntyre, *After Virtue. A study of moral theory* (Londres 1981), 15.

a la luz de lo que hice antes. Mi vida sigue un patrón, como una buena historia. Una de las razones por las que las profesiones y los empleos eran tan importantes para la identidad humana es que daban una estructura a los amplios fragmentos de la vida de una persona. Un músico o un abogado o un carpintero no es precisamente algo que uno hace; es una vida, desde la juventud hasta la vejez, en el descanso y en el trabajo, en la enfermedad y en la salud.

Pero nuestra vocación de religiosos nos lleva a iluminar la estructura narrativa más profunda de toda vida humana. Durante mis primeras clases como novicio, el maestro de novicios dibujó un gran círculo en la pizarra y nos dijo: "Bien, chicos, ésta es toda la teología que necesitáis conocer. Todo viene de Dios y todo va a Dios". ¡Resulta que la cosa era un poco más compleja que eso! Pero la pretensión de nuestra fe es que toda vida humana es una respuesta a la invitación de Dios a compartir la vida de la Trinidad. Este es el relato profundo en toda vida humana. Descubro quién soy al responder a esta llamada.

Lo que dijo a Isaías me lo dice a mí: "El Señor me llamó antes de nacer, desde el seno de mi madre él me nombró". Un nombre no es una etiqueta útil, sino una invitación. Ser alguien no consiste en escoger una identidad en la estantería del supermercado (ángel del infierno, estrella pop, franciscano); consiste en responder al que me convoca para toda mi vida: "Samuel, Samuel", llama la voz en la noche. Y él responde: "Habla, Señor, que tu siervo escucha".

Jimmy –espero que lleve ahora sus pendientes– tiene razón en parte. La identidad tiene que ver con tomar opciones. Pero no se trata precisamente de escoger quién quieres ser, como uno escoge el color de sus calcetines; la opción consiste en responder a esa voz que le convoca a uno para toda la vida. La identidad es un don, y la historia de mi vida está hecha de todas esas opciones para aceptar o rechazar ese don.

Pablo escribe a los Corintios: *"Es Dios quien os ha llamado a compartir la vida de su Hijo, Jesucristo Nuestro Señor, y Dios es fiel"* (1 Cor 1, 9). Lo que quiero sugeriros esta mañana es que la vida religiosa es una manera particular y radical de decir "Sí" a esa llamada. De un modo puro y simple, allana el terreno de toda vida humana, que es una respuesta a una invitación. Con nuestro extraño modo de vivir, hacemos explícito el drama de toda búsqueda humana de identidad, pues todo ser humano intenta captar el eco de la voz de Dios que le llama por su nombre. Otras vocaciones cristianas, como el matrimonio, también hacen lo mismo, pero de manera diferente, como indicaré más adelante.

3. Dejándolo todo

Cuando los religiosos discutimos sobre nuestra identidad, podemos estar seguros de que bien pronto aparecerá la palabra "profético". Y esto se comprende. Nuestros votos están tan directamente en contradicción con los valores de nuestra sociedad que tiene sentido hablar de ellos como profecías del Reino. La Exhortación Apostólica *Vita Consecrata* utiliza el término. Me encanta que otros utilicen la palabra al hablar de nosotros, pero acepto de mala gana que nos la apropiemos nosotros mismos. Podría representar una insinuación de arrogancia: "Nosotros somos los profetas". A menudo no lo somos. Y sospecho que los auténticos profetas dudarían a la hora de pedir para ellos ese título. Como Amós, ellos tienden a rechazar tal denominación y a decir: *"Yo no soy profeta ni hijo de profeta"*. Prefiero pensar que nosotros somos aquéllos que dejan atrás los signos habituales de identidad.

El joven rico pregunta a Jesús: "*¿Qué me falta por hacer? Jesús le dijo: si quieres ser perfecto, ve, vende todo lo que tienes y dáselo a los pobres, así tendrás un tesoro en los cielos; luego ven y sígueme. Cuando el joven oyó esto, se marchó con el corazón triste, porque era un hombre muy rico*" (Mt 19, 20-22).

En primer lugar, nuestra vocación muestra algo acerca de la vocación humana por aquello que dejamos atrás. Renunciamos a muchas de las cosas que dan identidad a los seres humanos en nuestro mundo: dinero, situación, pareja, una carrera. En una sociedad en la que la identidad es ya tan frágil, tan insegura, nosotros renunciamos a esa serie de cosas que las personas buscan para tener seguridad, los apoyos de nuestra poco segura percepción de quiénes somos.

Incesantemente repetimos la pregunta: ¿Quiénes somos? Pero nosotros somos aquellos que renuncian a los signos habituales de identidad. ¡Eso es lo que somos! ¡No es sorprendente que tengamos problemas!

Hacemos eso para aportar luz a la verdadera identidad de todo ser humano. En primer lugar, mostramos que la identidad de cada persona es un don. Ninguna identidad autocreada es adecuada para responder a quiénes somos. Todas las pequeñas identidades que podemos construirnos con esfuerzo en esta sociedad son demasiado pequeñas.

Y en segundo lugar, mostramos que en definitiva la identidad humana no es algo que se nos da ahora. Es la historia completa de nuestras vidas, desde el principio hasta el final y más allá, la que nos enseña quiénes somos.

San Juan escribe: "Queridos, ahora somos hijos de Dios, y aún no se ha manifestado lo que seremos. Pero sabemos que cuando Cristo se manifieste, seremos como él, porque le veremos tal como es" (1 Jn 3, 2) . Echar abajo los puntales es un signo de que toda identidad humana es una sorpresa, un don y un aventura.

Permitidme ilustrar esto con algunos ejemplos. No se trata, por supuesto, de hacer una teología de los votos, sino de algunas sugerencias sobre cómo los votos tienen que ver con la cuestión de la identidad humana.

4. Obediencia

En la Orden Dominicana, cuando haces la profesión, pones las manos en las de tu superior y le prometes obediencia. Supongo que en todas nuestras congregaciones, de un modo u otro, es un momento duro y decisivo cuando te pones en las manos de tus hermanos y hermanas y dices: "Aquí estoy, enviadme donde queráis".

Erick Erikson definía el sentido de la identidad como *"un sentimiento de estar en casa en su propio cuerpo, una sensación de saber a dónde vamos, y un reconocimiento interior anticipado de aquéllos que cuentan"* [4]. Bien, la obediencia erradica limpiamente esa sensación de saber a dónde vas. Se nos da la gloriosa libertad de no saber a dónde nos dirigen. El religioso es una persona que ha sido liberada de la carga de tener una carrera.

Una carrera es, para los humanos, una de las maneras de contar la larga historia de su vida, y mostrar de un vistazo quiénes son. Una carrera, para quienes son lo suficientemente afortunados de tenerla, ofrece una secuencia, una estructura para las etapas de la vida de una persona, cómo van subiendo la escalera, tanto en la universidad como en el ejército o en la banca. Nosotros no tenemos eso. Es cierto que muchas veces debemos ser elegidos para un cargo, pero no subimos la escalera. Cuando yo hice mi profesión, el 29 de septiembre de 1966, mi carrera terminó. Yo soy, y solo puedo ser, un

4. Citado por Theodore Zeldin, *An Intimate History of Humanity* (Londres 1995), 380.

fraile. Creo que existe un documento oficial en Francia que incluye en la lista de los *"sin profesión"* a los curas y a las prostitutas. Recuerdo que, como capellán universitario, mi papel consistía en ser la única persona en el *campus* sin ningún papel, que "merodeaba con fines criminales", como dice la policía inglesa cuando arrestan a tipos sospechosos.

Y no sólo estamos a disposición de nuestros hermanos y hermanas para ir a donde seamos enviados; somos obedientes a las voces de quienes nos llaman de diferentes maneras. Recuerdo a un dominico francés que vino a Oxford para aprender bengalí. Había sido sacerdote obrero durante dieciséis años, construyendo coches para la Citröen, o más bien liderando huelgas y asegurándose de que los coches no fueran construidos. Pero entonces Nicolás y su Provincial llegaron a la conclusión de que su vida había comenzado una nueva etapa, y que debería ir a Calcuta y vivir con los más pobres. Recuerdo que le pregunté qué pensaba hacer allí. Y me respondió que no le tocaba a él decirlo. Ya le dirían lo que tendría que hacer.

La invitación puede llegar por medio de las personas más inesperadas. Nuestros hermanos en Vietnam sufrieron muchos años persecución y encarcelamiento, y a menudo tuvieron que esconderse entre la gente. Uno de ellos, un hombre encantador llamado Francis, después de esconderse durante un tiempo, fue finalmente capturado por la policía y metido en la cárcel. Y dijo a quienes le capturaron: *"Debemos estaros agradecidos. Porque nosotros los dominicos vivíamos juntos entre nosotros, pero ahora que habéis venido a buscarnos, nos habéis enviado en medio de la gente".*

El voto de obediencia nos convoca más allá de todas las identidades que una carrera pudiera darnos, e incluso más allá de todas las identidades que pudiéramos construirnos. Apunta hacia una identidad que está abierta a todos aquéllos cuya vida no va a ninguna parte, que nunca han tenido una carrera, que nunca tuvieron un trabajo, ni aprobaron un examen o tuvieron éxito. Nuestra renuncia a una carrera es un signo de que todas las vidas humanas se dirigen finalmente a alguna parte, aunque parezca que muchas de ellas van hacia un callejón sin salida, porque hay un Dios fiel que nos convoca a cada uno de nosotros a vivir.

Cada año la Comisión de Justicia y Paz de la Conferencia Irlandesa de Superiores Mayores elabora una crítica al presupuesto del gobierno, y los ministros tiemblan mientras la esperan. Pero un día, después de hacer un documento particularmente duro, el Primer Ministro, Charlie Haughty, lo rechazó, diciendo que era difícil tomar en serio las críticas hechas por un grupo de personas que se llamaban a sí mismos a la vez mayores y superiores. Ellos tomaron nota, y cambiaron su nombre por el de Conferencia de Religiosos. ¡Ojo, que no estoy lanzando una indirecta!

5. Castidad

El voto de castidad es tan duro de sobrellevar tal vez porque toca muchos aspectos de nuestra identidad. Pienso que será tratado más ampliamente por otros ponentes; así que solo diré unas palabras. Para la mayoría de los seres humanos, el signo fundamental de su identidad es que hay otra persona para quien ellos son el centro: su marido, esposa o compañero. Nosotros no tenemos esto. A pesar de que yo pueda amar y ser amado por muchas personas, yo no puedo definirme a mí mismo por este tipo de relación. Es tal la pérdida, tal la privación que yo no creo que se pueda vivir provechosamente a no ser que nuestra vida esté profundamente alimentada por la oración.

Una de las cosas más penosas, al menos para mí, es que uno renuncia a la posibilidad de tener hijos. En algunas sociedades esto significa que uno nunca puede ser aceptado como un hombre. Recuerdo la desolación de un sacerdote recién ordenado que fue a celebrar misa a un convento de Edimburgo. Cuando al fin se abrió la puerta, la hermana lo miró y dijo: "Oh, es usted, padre; creí que era un hombre".

Esto me recuerda también a un hermano americano, uno de cuyos nombres era María, de acuerdo con una piadosa costumbre irlandesa. Estaba protestando, a voz en grito, contra este mundo lleno de gente extraña y pervertida en estos tiempos. Y un hermano apartó el periódico que estaba leyendo y dijo: "Vamos, a ver si piensas tú que eres tan normal. Te llamas María y llevas una falda".

Uno deja padre, madre, hermano, hermana, toda la red de relaciones humanas que le dan a uno un nombre y un sitio en el mundo.

Visité Angola durante la guerra civil. Nunca olvidaré un encuentro con los postulantes de los hermanos y las hermanas de la capital, Luanda. Estaban separados de sus familias por las luchas que rodeaban la ciudad y se enfrentaban a un dilema moral. ¿Deberían intentar cruzar la zona de guerra para encontrar a sus familias y apoyarles durante estos tiempos terribles, o debían permanecer en la Orden? Para los africanos, con un profundo sentido de familia y de tribu, era una situación terrible. Y nunca olvidaré a la joven hermana que se levantó y dijo: "Dejad que los muertos entierren a los muertos; nosotros debemos quedarnos para predicar el Evangelio".

Así, pues, nuestras vidas están marcadas por una gran ausencia, un vacío. Pero esto no tiene sentido a menos que se viva alegremente, como una parte de la historia de amor, que es el misterio profundo de toda vida humana. O bien es vivida apasionadamente como signo de ese amor de Dios que llama a cada ser humano a la plenitud de vida, o de otro modo es infructuoso y estéril.

Por tanto en nuestro voto de castidad debemos ser un signo de lo que es el destino de todo ser humano. Todos somos convocados por ese amor, incluso aquéllos cuyas vidas parecen privadas de afecto, quienes no tienen cónyuge, ni familia, ni hijos, ni tribu, ni clan, los completamente solos.

6. Pobreza

Es evidente que el voto de pobreza apunta al corazón de lo que da a la gente una identidad en el mundo del mercado global. Es la renuncia del status que se alcanza con los ingresos, la habilidad de alguien que compra y vende. Nos invita a ser un auténtico antisigno en nuestra cultura del dinero. Desde luego que a menudo no lo somos. Mientras escribo estas palabras en lo alto de una colina sobre el Tíber, en nuestro enorme priorato de Santa Sabina, puedo ver una pequeña chabola en el banco del río, donde una familia está viviendo y poniendo a secar su ropa. Si llueve y sube el nivel del río, su casa será arrastrada por la riada. Los miro, y me sonrojo al pensar cómo nos ven ellos a nosotros.

Recuerdo cómo una de nuestras provincias concluyó una semana de discusión sobre el voto de pobreza con un banquetazo en un restaurante caro. Uno de los hermanos dijo: "Bien, si la semana sobre la pobreza termina aquí, ¡dónde acabaremos todos nosotros el próximo año después de la semana de discusión sobre la castidad!".

Pero, durante mis viajes, en todas partes he encontrado comunidades de religiosos y religiosas, de todas las congregaciones, que comparten sus vidas con los pobres, que son signos vivos de que ninguna vida humana está destinada a terminar en un asqueroso basurero, de que toda persona tiene la dignidad de hijo de Dios. Estas Navidades he celebrado la Misa del Gallo con uno de nuestros hermanos, Pedro, que literalmente vive en las calles de París. Celebró la fiesta con un millar de vagabundos en una gran carpa, en un altar hecho con cajas de cartón, para simbolizar que Cristo nació esa noche para todos los que viven en cajas de cartón bajo los puentes de París. Cuando sacó el corcho de la botella de vino para el ofertorio, ¡estallaron los aplausos de la gente!

En cada uno de esos votos vemos cómo se deja atrás, abandonado, algún pilar de la identidad humana. Cedemos las cosas habituales que nos dicen quiénes somos, y que somos importantes, y que nuestras vidas tienen sentido. No es de extrañar que nos sintamos inseguros sobre nuestra identidad. Pero tal vez nuestra libertad no consiste ni siquiera en preocuparnos sobre quiénes somos. Deberíamos estar mucho más interesados en quién es Dios. Como Tomás Merton escribió en una ocasión: "Me has llamado aquí no para llevar una etiqueta por la cual yo pueda reconocerme a mí mismo dentro de alguna categoría de gente. Tú no quieres que yo piense sobre quién soy yo, sino sobre quién eres Tú. O, más bien, ni siquiera quieres que piense mucho sobre nada, para así poderme elevar Tú por encima del nivel del pensamiento. Y si estoy siempre intentando representarme qué soy, y dónde estoy, y por qué estoy, ¿cómo podrá realizarse esto?"[5].

En su autobiografía, *La Larga Marcha Hacia la Libertad,* Nelson Mandela describe su gran orgullo y alegría cuando compró su primera casa en Johanesburgo. No era mucho, pero se había convertido en un hombre.

5. Thomas Merton, *Epilogue: Meditotio Pauperis in Solitudine.*

Un hombre debe poseer tierras y engendrar hijos. Pero a causa de la lucha por su pueblo, él difícilmente vivía en esa casa o veía a su familia Hizo una opción muy parecida a la de nuestros votos. Escribió: "Era ese deseo de la libertad de mi pueblo para poder vivir su propia vida con dignidad y respeto por sí mismo lo que animó mi vida, lo que transformó a un joven asustado en atrevido, lo que hizo que un abogado observante de la ley se convirtiera en un criminal, lo que transformó a un marido amante de su familia en un hombre sin hogar, lo que forzó a un vividor a vivir como un monje. Yo no soy más virtuoso o sacrificado que cualquier otro, pero me pareció que yo ni siquiera podría disfrutar de la pobre y limitada libertad que se me permitía mientras supiera que mi pueblo no era libre. La libertad es indivisible: las cadenas de uno solo de mi pueblo eran las cadenas de todos ellos, y las cadenas de mi pueblo eran mis propias cadenas"[6].

Mandela perdió a su esposa, su familia, su libertad, su carrera, salud y *status*, a causa de su gran hambre de libertad para su pueblo. Su encarcelamiento era un signo de la dignidad escondida de su pueblo que un día saldría a la luz. Pocas comunidades religiosas serán tan duras como Robben Island, pero también nosotros dejamos atrás mucho de lo que podría darnos una identidad, como signo de la escondida dignidad de los que han muerto en Cristo. Porque, como escribe Pablo a los Colosenses, "habéis muerto, y ahora vuestra vida está oculta con Cristo en Dios. Cuando aparezca Cristo, nuestra vida, entonces vosotros apareceréis juntamente con El en gloria" (Col 3, 3-4).

La mañana de Pascua, Pedro y el discípulo amado corren hacia el sepulcro vacío. Pedro ve solamente una pérdida, la ausencia de un cuerpo. El otro discípulo ve

6. Nelson Mandela, *The Long Walk to Freedom,* 750.

con los ojos de alguien que ama, y ve un vacío lleno con la presencia del Resucitado. También puede ser que nuestras vidas parezcan marcadas por ausencia y pérdida; pero quienes miran con ojos de amor pueden verlas llenas de la presencia del Señor Resucitado.

No quisiera hacer una consideración exclusiva a favor de nuestras vocaciones de religiosos y religiosas. Todas las vocaciones humanas, de médicos, profesores, trabajadores sociales, etc., dicen algo acerca de la vocación humana, que consiste en responder a la llamada de Dios que nos invita al Reino. Lo que es específico de nuestra vocación es que muestra este destino universal mediante el abandono de otras identidades. La Exhortación Apostólica *Vita Consecrata* habla de nosotros como de "símbolos escatológicos". Y seguramente esto es cierto. Además, me llama la atención. Sería hermoso que pudiéramos escribir en nuestro pasaporte, donde dice profesión, "símbolo escatológico". Pero alguien puede argumentar que, más aún que nosotros, es el matrimonio el que constituye un símbolo escatológico. Es la consumación del amor, ese *"sabbath"* del espíritu humano, cuando dos personas permanecen en amor mutuo, lo que nos da un símbolo del reino que anhelamos. Quizás nosotros somos un signo del viaje, y las parejas casadas, del destino.

7. Una ecología para el florecimiento

He intentado dar una definición de la identidad de la vida religiosa. Se trata de una definición paradójica, porque nos define como aquéllos que han renunciado a la identidad tal como la entiende nuestra sociedad. Pero no podemos detenernos ahí (muchos de nosotros quisiéramos hacerlo). En nuestra sociedad, que es hostil a la simple idea de vocación, y que está echando por tierra el sentido de identidad y vocación de todo ser humano, una definición clara no es suficiente. Sería como intentar confortar a los tigres amenazados de extinción con una hermosa definición de la tigreidad.

En este desierto humano que es el mercado global, necesitamos construir un contexto en el que los religiosos puedan florecer realmente y ser invitaciones vivas a caminar en el camino del Señor. Lo que hace una orden o congregación particular es ofrecer un contexto concreto. En el mundo de hoy, estamos tentados de considerar las órdenes religiosas como multinacionales en competencia: ¿quiere gasolina jesuita de alto octanaje, o gasolina sin plomo franciscana? Pero la imagen que a mí me parece más adecuada es la de cada instituto como un miniecosistema, que sustenta una forma de vida diferente. Para florecer como mariposa hace falta algo más que una hermosa definición, hace falta un contexto ecológico que permita pasar de huevo a gusano, y de crisálida a mariposa. Algunas mariposas necesitan ortigas, estanques y algunas plantas raras; de otro modo no pueden salir adelante. Para otras variedades de mariposas, la presencia de excrementos de oveja parece ser vital. Cada congregación religiosa se caracteriza por ofrecer un nicho ecológico diferente para una extraña manera de ser un ser humano. ¡De cualquier modo, me resistiré a la tentación de pensar cuántas formas de mariposas o de órdenes diferentes me vienen al pensamiento, de momento!

Una Orden Religiosa es como un entorno. Construir la vida religiosa es como hacer una reserva natural en una construcción antigua. Tienes que plantar algunas ortigas por aquí, cavar un estanque allá, y en ese plan. ¿Qué necesitan nuestros hermanos y hermanas para florecer en este viaje, cuando han dejado atrás carrera, riqueza, status y la seguridad de una pareja? ¿Qué necesitan mientras hacen esta dura peregrinación del noviciado a la tumba? Cada congregación tendrá sus propios requerimientos, sus propias necesidades ecológicas, su propia identidad. Y esto me lleva a una aparente paradoja: he definido la identidad de la vida religiosa como el abandono de la identidad, dejando atrás los puntales e indicadores que dicen a la gente quiénes somos. Y, sin embargo, nuestras órdenes y congregaciones nos ofrecen identidades. Cada uno tenemos nuestro estilo distintivo.

¡Por eso tenemos esos chistes horribles sobre jesuitas, franciscanos y dominicos cambiando lámparas eléctricas!

Recuerdo que cuando dije a un tío abuelo mío benedictino que quería ser dominico, me miró con dudas y me dijo: "¿Estás seguro de que es una buena idea? ¿No se supone que ellos son más bien listos?". Y después de pensar un poco dijo: "No, pensándolo bien, he conocido montones de dominicos estúpidos".

Pero la paradoja es sólo aparente. Cada congregación ofrece una identidad, una manera particular de caminar tras el Señor, una manera particular de autoolvido. Un carmelita será feliz de serlo no porque ello le de un *status,* sino porque es una manera particular de renunciar a él. Necesito deleitarme en mi orden, con sus leyendas, sus santos, sus tradiciones, para así poder crecer en el valor de renunciar a todo lo que la sociedad considera importante. Me gusta la historia del Beato Reginaldo de Orleans, uno de los frailes más antiguos, quien dijo al morir que no había tenido mucho mérito siendo dominico, porque había disfrutado mucho con ello. Necesito historias como ésa para animarme a florecer como un fraile pobre, casto y obediente, para gozar de ello como libertad, y no como prisión. Necesito historias como ésa para liberarme de la preocupación por mí mismo.

Por eso siento una gran simpatía por los jóvenes religiosos que a menudo piden hoy signos claros de su identidad como miembros de una orden religiosa. La aventura de mi generación, que creció con un fuerte sentido de identidad católica e incluso dominicana, fue deshacerse de los símbolos que nos colocaban aparte de los demás, como el hábito; y sumergirnos en la modernidad, dejándonos probar por sus dudas y compartiendo sus preguntas.

Eso fue correcto y fructífero. Pero los jóvenes que vienen a nosotros hoy a menudo son los hijos de esa modernidad, y han sido perseguidos por sus preguntas desde la niñez. Ellos tienen otras necesidades, signos claros de ser miembros de una comunidad religiosa, que les sostenga en esta muy extraña manera de ser un ser humano.

Una última observación. Necesitamos un entorno que nos sostenga en nuestro crecimiento personal. El hecho de que nosotros estemos llamados a dejar atrás esas cosas que nuestra sociedad considera como símbolos de status e identidad no significa que estemos dispensados de las dificultades de crecer para llegar a ser seres humanos maduros y responsables. Todos conocemos a hermanos que quieren ordenadores cada vez más caros mientras proclaman que el voto de pobreza les excusa de preocuparse por el dinero.

Lo que podemos ver con nuestros propios ojos es que renunciar a la familia, al poder, la riqueza y la autodeterminación no nos convierte en unos flojos. ¡Nadie dirá que Nelson Mandela tiene una personalidad débil! Pero este crecimiento hacia la madurez os pedirá atravesar por momentos de crisis. ¿Nos sostendrán nuestras comunidades entonces? ¿Nos ayudarán a vivir esos momentos de muerte como momentos también para renacer? Una vez preguntaron a un monje anciano qué hacían en el monasterio, y respondió: "Oh, caemos y nos levantamos, caemos y nos levantamos, caemos y nos levantamos!" [7]. Necesitamos un entorno en el que

7. Citado por Joan Chichester OSB, *The Fire in These Ashes* (Kansas City 1995), 7.

podamos caer y levantarnos, mientras avanzamos titubeantes hacia el Reino.

CONCLUSIÓN

Permitidme concluir resumiendo en un minuto el viaje que hemos hecho durante esta conferencia.

La cuestión que se me planteó era ésta: ¿Cuál es la identidad de la vida religiosa hoy? Respondo diciendo que debemos situarnos en el contexto de una sociedad en la que mucha gente sufre una crisis de identidad. El mercado global elimina todo tipo de vocación, lo mismo si eres médico que si eres sacerdote o conductor de autobús.

El valor de la vida religiosa consiste en que ofrece una vívida expresión del destino de todo ser humano. Pues cada ser humano descubre su identidad en la respuesta a la invitación de Dios a compartir la vida divina. Nosotros estamos llamados a ofrecer una particular y radical respuesta a esa vocación renunciando a cualquier otra identidad que pueda seducir nuestros corazones. Otras vocaciones, como el matrimonio, dan respuestas alternativas a ese destino humano.

Terminaba diciendo que no podemos conformarnos con una bonita definición. Necesitamos más que eso para seguir avanzando en nuestro viaje. Cada orden o congregación religiosa debe ofrecer el entorno necesario para sostenernos en el camino. Y, si no somos seducidos por la sociedad de consumo, si vamos a ofrecer islas de contracultura, entonces tendremos que trabajar mucho para construir ese entorno en el cual nuestros hermanos y hermanas puedan florecer mientras estamos de viaje.

4
Entregados a la Misión

Los jóvenes acudían en gran número a la Orden en tiempos de Santo Domingo porque, con su pasión por la predicación, los invitaba a tomar parte en una gran aventura. ¿Cuál es hoy nuestra pasión y nuestra aventura? ¿Quiénes son los "cumanos" de nuestro tiempo? Nos enfrentamos al reto de fundar la Orden en muchos lugares de Asia, donde vive más de la mitad de la humanidad y nos preparamos para enseñar en China. ¿Hay acaso jóvenes dominicos prontos a estudiar el chino y a entregarse a esta misión sin importarles los sacrificios? En todas partes del mundo el Islam está extendiéndose. ¿Estamos en situación de entablar un diálogo fecundo con esta y otras religiones?

Como Domingo tenemos que predicar el Evangelio en las nuevas ciudades, aunque éstas son para nosotros las inmensas mega-urbes como Los Ángeles, Sao Paulo, México, Lagos, Tokio y Londres, que son desiertos humanos altamente marcados por el crimen y la violencia, así como por la infinita soledad de los que rodeados por millones de personas viven totalmente solos. ¿Cómo entrar en el nuevo mundo de los jóvenes; un mundo cada vez más unicultural, con hambre religiosa y escéptico a la vez, con un sincero respeto a los individuos y desconfiado hacia las instituciones, que no se mueve ante las palabras pero se rinde fascinado ante la tecnología de la información; un mundo de música y canciones? ¿Cómo podemos entrar en contacto con todo lo vital y creativo de esta nueva cultura, aprender de ella y acogerla para el Evangelio?

¿Cómo ser predicadores de la esperanza en un mundo que con frecuencia es tentado por la desesperación y el fatalismo? ¿Un mundo afligido por un sistema económico que está minando las estructuras económicas y sociales de la mayor parte de los pueblos de la tierra? ¿Qué Evangelio podemos predicar en América Latina o en África a medida que la Orden se establece allí, o en Europa del Este donde está renaciendo? Por otro lado tenemos la inagotable aventura intelectual de la vida de estudio, en la que batallamos con la Palabra de Dios, con las exigencias de la Verdad, con ese cuestionar y ser cuestionado, con la pasión por saber y entender. (Tema éste que merecería otra carta).

Queridos hermanos y hermanas, si de algo podemos estar ciertos hoy día es de que nuestra vocación como predicadores del Evangelio es más urgente que nunca[1]. A estos enormes retos sólo podremos responder si somos gente con coraje que sabe romper viejas ataduras y emprender nuevas iniciativas con libertad; gente dispuesta a experimentar y correr el riesgo del fracaso. Una estructura compleja, como lo es una Orden religiosa, puede comunicar pesimismo y derrotismo, o ser una red de esperanza en la que ayudamos a que todos imaginen y creen algo nuevo. Si queremos esto último para la Orden, entonces debemos enfrentar varias preguntas.

¿Seremos capaces de recibir en la Orden a jóvenes dispuestos a aceptar estos retos con iniciativa y coraje, sabiendo que pondrán en tela de juicio lo que nosotros hemos hecho? ¿Aceptaríamos gustosos en nuestra Provincia a un hombre como Tomás de Aquino, que abrazara una nueva y sospechosa doctrina filosófica y

1. Avila 22.

que hiciera serias e inquietantes preguntas? ¿Recibiríamos a un hombre como Bartolomé de Las Casas, con su pasión por la justicia social? ¿Nos agradaría tener a fray Angélico experimentando nuevos métodos para predicar el Evangelio? ¿Le daríamos la profesión a Catalina de Siena con toda su franqueza? ¿Recibiríamos a Martín de Porres, perturbando la paz del convento con su ir y venir de gente pobre en él? ¿Aceptaríamos a Domingo, o preferimos candidatos que nos dejen en paz? ¿Y qué decir de nuestra formación inicial? ¿Ha producido hermanos y hermanas que han crecido en la fe y el entusiasmo, se han vuelto más osados y atrevidos de cuanto eran al ingresar, o les hemos "tranquilizado" y asegurado?

Si hemos de hacer frente a los enormes y atracti-vos retos de hoy, renovando el sentido de aventura de la vida religiosa, entonces hemos de tratar muchos aspectos de nuestra vida como Orden en cartas sucesivas. Ahora, en ésta, quisiera explorar sólo una cuestión, que he encontrado en todas partes de la Orden a donde he viajado, y es: ¿Cómo pueden los votos que hemos hecho ser fuente de vida y energía y sostenernos en nuestra predicación? Los votos no son todo en nuestra vida religiosa, pero muchas veces en relación con ellos los hermanos y las hermanas hacen inquietantes cuestiones que juntos debemos tratar. Se ha dicho con frecuencia que los votos son un medio. Esto es verdad, ya que la Orden no fue fundada para cumplir los votos sino para predicar el Evangelio. Sin embargo, los votos no son sólo medios en el sentido utilitarista del término, como un coche que se usa para trasladarse de un lugar a otro. Los votos son medios para que lleguemos a ser verdaderos misioneros. Santo Tomás dice que los votos tienen como finalidad la *caritas*[2], es decir, el amor que es la misma

2. 2.ª 2.ae, q. 184, a. 3.

vida de Dios. Los votos sólo servirán a la persona si le ayudan a crecer en el amor, a fin de que podamos hablar con credibilidad del amor de Dios.

Los votos están en oposición fundamental con muchos de los valores de la sociedad, particularmente del consumismo, que rápidamente se ha convertido en la cultura predominante de nuestro planeta. El voto de obediencia contradice la idea de un ser humano cerrado en la autonomía y en el individualismo; ser pobre es signo de fracaso y de minusvalía en nuestra cultura; la castidad aparece como un rechazo absurdo del derecho humano a la sexualidad. Cuando abrazamos los votos es casi seguro que encontraremos en algún momento de nuestra vida serias dificultades para perseverar. Podrá darnos la impresión de que los votos nos condenan a la frustración y a la esterilidad. Si aceptamos los votos únicamente como medios para un fin, como una limitación necesaria en la vida del predicador, es muy posible que lleguen a entenderse como un precio muy alto que no vale la pena pagar. Pero si los vivimos como ordenados a la *caritas*, como uno de los modos de compartir la vida del Dios del amor, entonces creeremos que el sufrimiento será fructuoso y que la muerte que experimentamos nos abrirá un camino hacia la resurrección. Podremos entonces decir con nuestro hermano Reginaldo de Orleans: *Creo que no tengo ningún mérito con haber vivido en la Orden, ya que siempre he encontrado en ella tanta felicidad*[3].

En esta carta yo quiero ofrecer unas sencillas observaciones sobre los votos. Ciertamente están marcadas por las limitaciones personales y por las de mi propia cultura. Mi deseo es que puedan contribuir al diálogo a través del cual lleguemos a una visión común que nos permita animarnos unos a otros, y nos dé la fuerza para

3. Jordán de Sajonia, *Libellus*, 64.

ser una Orden que se atreve a asumir los retos del siglo venidero.

Atreverse a prometer

En muchas partes del mundo, sobre todo en los países influidos por la cultura occidental, se constata una pérdida de confianza en hacer promesas. Esto puede verse en la crisis del matrimonio, el alto índice de divorcios; y dentro de la Orden, en las continuas solicitudes de dispensa de los votos, que son una lenta y constante hemorragia de la vida de la Orden. ¿Qué sentido tiene que uno dé su palabra para toda la vida, *"usque ad mortem"*?

Una de las razones por las que empeñar la palabra no es un acto que sea considerado con seriedad, se debe a que las palabras mismas no tienen hoy gran importancia. ¿Acaso cuentan las palabras en nuestra sociedad? ¿Son capaces de cambiar algo? ¿Puede uno ofrecer su vida a otro, a Dios, o en matrimonio, sólo pronunciando unas palabras? Nosotros, como predicadores de la Palabra de Dios, sabemos que sí cuentan. Estamos hechos a imagen y semejanza de Dios que pronunció una palabra y se hicieron los cielos y la tierra. Dios pronunció la Palabra que se hizo carne para nuestra salvación. Las palabras que nos hablamos los seres humanos son capaces de dar vida y muerte, construir la comunidad y destruirla. La terrible soledad que se experimenta en las grandes ciudades hoy en día es ciertamente un signo de una cultura que ha dejado de creer en la importancia del lenguaje, en esa capacidad que tiene la palabra compartida de crear comunidad. Cuando empeñamos nuestra palabra con los votos, afirmamos una vocación humana fundamental, pronunciamos palabras que tienen peso y credibilidad.

Aún no sabemos lo que nuestros votos implicarán ni a dónde nos llevarán. ¿Cómo podremos atrevernos a pronunciarlos? Ciertamente, sólo porque Dios nuestro Padre lo ha hecho y nosotros, sus hijos, nos atrevemos porque nuestro Padre lo hizo primero. Desde el principio, la historia de la salvación es la de un Dios que hace promesas, asegurándole a Noé que la tierra no volvería a ser inundada por las aguas; que promete a Abraham una descendencia más numerosa que las arenas del mar, y a Moisés liberar a su pueblo de la esclavitud. El cumplimiento y culmen de todas estas promesas es el mismo Jesucristo, el eterno *"Sí"* de Dios. Como hijos de Dios nos atrevemos a dar nuestra palabra sin saber lo que implicará. Y este es un acto de esperanza, ya que para muchas personas existe sólo la promesa. Cuando uno está sumido en la desesperación, agobiado por la pobreza y el desempleo, o atrapado por el fracaso personal, entonces quizá no exista alguien más en quien poner la confianza que en Dios, que se ha comprometido con nosotros y que, una y otra vez, ha ofrecido su alianza a la humanidad y nos ha enseñado a través de los profetas a esperar la salvación[4].

En nuestro mundo, tan fuertemente tentado por la desesperación, quizá no se dé otra fuente de esperanza que creer en el Dios que nos ha dado Su Palabra. ¿Y qué otra prueba puede ofrecerse de esto que el hecho de que hombres y mujeres hagan promesas, tanto en el matrimonio como en la vida religiosa? Nunca antes había yo comprendido tan bien el significado de los votos, hasta que visitando un barrio sumamente pobre de las afueras de Lisboa donde vivían los olvidados y los que no cuentan, los invisibles de la capital, encontré que había una gran fiesta y enorme regocijo porque una religiosa, que vivía con ellos, hacía su profesión solemne. ¡Esa era la fiesta de todos!

4. Oración Eucarística IV.

Nuestra generación ha sido llamada *"la generación del ahora"*, porque la cultura que cuenta es la del momento presente. Esto puede ser fuente de una admirable espontaneidad y de una frescura e inmediatez con la que podemos alegrarnos. Pero si el momento presente es de pobreza y de fracaso, de derrota y depresión, entonces ¿qué esperanza puede uno encontrar? Los votos, por su naturaleza, alcanzan un futuro desconocido. Para Santo Tomás, hacer votos es un acto de absoluta generosidad, porque uno da en un solo instante una vida que ha de ser vivida sucesivamente en el tiempo[5]. Para muchas personas en nuestra cultura, esta entrega a un futuro que no se conoce es algo absurdo. ¿Cómo puedo ligarme hasta la muerte, cuando no sé lo que me sucederá o lo que seré? ¿Qué me va a pasar dentro de diez o veinte años? ¿A quién voy a encontrar y cómo va a reaccionar mi corazón? Para nosotros este acto es parte de nuestra dignidad de hijos de Dios y un acto de confianza en el Dios de la Providencia, que hará aparecer al carnero enredado por los cuernos en la zarza. Hacer votos sigue siendo un acto con un sentido profundísimo, un signo de esperanza en Dios que nos ha prometido el futuro y que, aunque desbordando nuestra imaginación, cumplirá Su Palabra.

Es cierto que a veces algún hermano o hermana se siente en la imposibilidad de continuar cumpliendo los votos que ha hecho. Esto sucede porque a veces no hubo un discernimiento claro en la formación inicial, o también porque la vida religiosa exige un estilo de vida que honestamente ya no se puede seguir viviendo. Para esto existe la sabia disposición de la dispensa de los votos. En estos casos hemos de dar gracias por lo que hemos recibido de estos hermanos y disfrutar de lo que hemos podido compartir. Preguntémonos

5. 2.ª 2.ªᵉ, q. 186, ad. 2.

también si en nuestras comunidades hicimos todo lo que estaba a nuestro alcance para apoyar a los hermanos en sus votos.

1. Obediencia: La libertad de los hijos de Dios

El inicio de la predicación de Jesús era la proclamación del cumplimiento de las promesas de Isaías: *libertad a los prisioneros y a aquellos que están oprimidos*[6]. El Evangelio que estamos llamados a predicar es el de la absoluta libertad de los hijos de Dios. *Porque la libertad no ha hecho libres*[7]. Es, pues, paradójico que nosotros demos nuestra vida a la Orden para predicar este Evangelio, por medio de un voto de obediencia, el único que pronunciamos. ¿Cómo podemos hablar de libertad nosotros que hamos renunciado a nuestras vidas?

El voto de obediencia es escándalo en un mundo que aspira a la libertad como valor supremo. Pero ¿qué libertad es la que anhelamos? Esta pregunta se ha hecho con particular intensidad en los países que se liberaron del comunismo. Estos países entraron al *"mundo libre"*, pero ¿es esta la libertad por la que lucharon? Hay ciertamente algunos logros en la libertad, como en los procesos políticos, pero la libertad de mercado es con frecuencia una contradicción. No trajo consigo la libertad prometida y ha rasgado más todavía el tejido de la sociedad humana. Nuestro llamado "mundo libre" se caracteriza con frecuencia por un sentido fatalista, una incapacidad para tomar el propio destino en nuestras manos y arreglar nuestras vidas; lo que debe hacernos pensar seriamente sobre "la libertad" de la sociedad de consumo. El voto de obediencia no es para nosotros una cuestión meramente administrativa, un

6. Lc 4.
7. Gal 5, 1.

medio únicamente; sino que nos enfrenta a la pregunta: ¿qué tipo de libertad es la que deseamos en Cristo? ¿De qué manera el voto expresa esto, y cómo nos ayuda, a nosotros predicadores, a vivir la exultante libertad de los hijos de Dios?

Cuando los discípulos encontraron a Jesús hablando con la samaritana junto al pozo, él les dijo: *mi alimento es hacer la voluntad de aquél que me ha enviado*[8]. La obediencia de Jesús al Padre no es una limitación de su libertad ni una restricción a su autonomía. Es el alimento que le da fuerza y lo robustece. Su relación con el Padre, de la que él es el don absoluto, es su propio ser.

Esta profunda libertad de Jesús, de pertenecer al Padre, es ciertamente el contexto en el cual nosotros nos reflejamos para hablar de libertad y dar nuestra vida a la Orden. No es la libertad del consumista, con una irrestringida opción de compra o de acción. Es la libertad de ser, la libertad de aquel que ama. En nuestra tradición dominicana, la mutua pertenencia en la obediencia se significa por la tensión que se da entre: el don sin reservas de nuestra vida a la Orden y la búsqueda de consenso, basada en el debate, la consideración y el respeto mutuos. Ambos son necesarios si somos predicadores de la libertad de Cristo, la libertad de que el mundo está sediento. Si fallamos en darnos plenamente a la Orden, sin condiciones, entonces nos convertimos en un grupo de individuos independientes que ocasionalmente cooperan; si la obediencia es experimentada como imposición de la voluntad del superior, sin la búsqueda del común acuerdo, entonces nuestro voto se torna inhumano y alienante.

8. Jn 4, 34.

1.1. La obediencia y la escucha

La obediencia no es, en nuestra tradición, la sumisión de nuestra voluntad a la del superior, ya que como expresión de nuestra fraternidad y de la vida compartida de la Orden, está basada en el diálogo y la discusión. Como se ha hecho notar, la palabra *"obedire"* viene de *"ob-audire"*, escuchar. El inicio de la verdadera obediencia se da cuando dejamos que nuestro hermano o hermana hablen y nosotros escuchamos. Es "el principio de la unidad" [9]. Es también la forma en que crecemos como seres humanos, estando atentos a los otros. Los casados no tienen alternativa pues están obligados a superarse a sí mismos ante las necesidades de sus hijos y sus esposas o esposos. Nuestro estilo de vida, con silencios y soledad, puede ayudarnos a crecer en la atención y en la generosidad; aunque también corremos el riesgo de encerrarnos en nosotros mismos y en nuestras preocupaciones. La vida religiosa puede producir personas profundamente desprendidas o muy egoístas, dependiendo de a quiénes se haya escuchado. La obediencia requiere toda nuestra atención y absoluta receptividad. El fértil momento de nuestra redención se dio con la obediencia de María, que se atrevió a escuchar al ángel.

Este modo de escuchar exige el uso de nuestra inteligencia. En nuestra tradición, usamos la inteligencia no para dominar a los otros, sino para acercarnos a ellos. Como decía el P. Rousselot, la inteligencia es "la facultad del otro". Abre nuestros oídos para escuchar. Herbert McCabe escribía de la obediencia:

> *...es ante todo una apertura de la mente como sucede en todo proceso de aprendizaje. La obediencia se hace perfecta cuando quien manda y quien obedece*

9. LCO 17, 1.

llegan a compartir una misma mente. La noción de "obediencia ciega" equivaldría, en nuestra tradición, a un aprendizaje ciego. Una comunidad totalmente obediente sería aquella en que nadie anhela hacer algo[10].

De esto se sigue que el primer lugar en donde practicamos la obediencia, en la tradición dominicana, es el capítulo conventual, donde podemos discutir con los demás. La función de la discusión en el capítulo es buscar la unidad de la mente y del corazón en la misma medida en que se busca el bien común. Discutimos, como buenos dominicos, pero no para ganar, sino con el deseo de aprender unos de otros. Lo que se busca no es la victoria de la mayoría sino, a ser posible, la unanimidad. Esta búsqueda de la unanimidad, aunque a veces sea inalcanzable, no pretende únicamente vivir en paz con los demás; es una forma de gobierno que nace de la convicción de que aquellos con los que no estamos de acuerdo tienen algo que decir, y que por lo mismo nosotros no podemos alcanzar la verdad solos. La verdad y la comunidad son inseparables. Como escribía Malachy O'Dwyer:

¿Por qué Domingo puso tanta confianza en sus compañeros? La respuesta es muy simple. El era un hombre de Dios, convencido de que la mano de Dios estaba sobre todo y sobre todos... Estaba convencido de que Dios le hablaba a través de otras voces y no sólo de la suya propia, por eso organizó su familia de tal manera que todos dentro de la familia pudieran ser oídos[11].

10. McCabe, Herbert, *God Matters*, London, 1987.

11. O'Dwyer, Malachy, "Pursuing Communion in Government: Role of the Community Chapter", *Dominican Monastic Search*, Vol. II, Fall/Winter, 1992, p. 41.

Esto implica que el gobierno en nuestra tradición tome tiempo. La mayor parte de nosotros estamos ocupados y esto puede parecernos una pérdida de tiempo. ¿Por qué perder el tiempo discutiendo unos con otros cuando uno podría estar predicando o enseñando? Lo hacemos porque precisamente este compartir la vida y esta solidaridad vivida es la que nos hace predicadores. Podemos predicar de Cristo únicamente lo que hemos vivido, y el trabajo de buscar un sólo corazón y una sola mente nos entrena para poder hablar con conocimiento del Cristo en el que se halla toda la reconciliación.

La obediencia no es para nosotros huir de las responsabilidades, sino estructurar los diferentes modos en los que las compartimos. Con frecuencia el papel de un prior es difícil porque los hermanos piensan que, al elegirlo, él solo debe llevar la carga. Esto fomenta una pueril actitud hacia la autoridad. La obediencia exige que asumamos la responsabilidad que nos corresponde, de otra manera nunca podremos responder a los retos que encara la Orden. Como dije a los superiores de Europa en la reunión de Praga en 1993:

> *La responsabilidad es la habilidad para responder: ¿Seremos capaces? En mi experiencia como provincial pude observar el extraño caso de "la desaparición de la responsabilidad". Algo tan misterioso como una novela de Sherlock Holmes. El Capítulo provincial detecta un problema y comisiona al provincial para enfrentarlo y resolverlo. Es necesario tomar una decisión clara. El provincial pide al consejo de provincia que considere el asunto. El consejo forma una comisión que estudiará lo que debe hacer. La comisión estudia el asunto por dos o tres años definiendo exactamente el problema, y concluye que debe ser presentado al próximo*

Capítulo provincial, y así continúa el ciclo de la irresponsabilidad.

A veces, lo que paraliza a la Orden y nos impide atrevernos a hacer nuevas cosas es precisamente el temor de aceptar las responsabilidades y fracasar. Cada uno debe asumir la responsabilidad que le es propia, incluso si a veces es difícil y se corre el riesgo de equivocarse, de otra manera vamos a morirnos sin remedio.

Puede aceptarse que nuestro sistema de gobierno no es quizá el más eficiente. Un modelo más centralizado y autoritario nos permitiría responder más rápidamente a las crisis, tomando decisiones basadas en un amplio conocimiento de la Orden. Existe frecuentemente un impulso hacia la centralización de la autoridad, pero como decía Bede Jarret, O.P., hace años:

> *Para aquellos que viven bajo su sombra, la libertad de elegir su gobierno es algo tan bendito, que es necesario cuidarlo aun con el riesgo de la ineficiencia. Con todas sus limitaciones y debilidades inherentes, se compagina con la libertad de la razón humana y la fuerza de la humana voluntad mejor que la autocracia, aunque sea beneficiosa. La democracia podrá tener pobres resultados, pero forja hombres* [12].

Es posible que a veces lleve a la ineficiencia pero forja predicadores. Nuestra forma de gobierno está profundamente ligada a nuestra vocación de predicadores, ya que sólo podremos hablar con autoridad de nuestra libertad en Cristo, si la vivimos entre nosotros. Nuestra tradición democrática y descentralizada nunca podrá

12. Jarrett, Bede, OP, *The Life of St. Dominic*, London, 1924, p. 128.

ser una excusa para la inmovilidad o la irresponsabilidad. No debe ser una vía de escape para escondernos de los retos de nuestra misión.

1.2. Obediencia, don de sí mismo

La tradición democrática de la Orden, nuestra tensión en el compartir las responsabilidades y el debate y el diálogo, pueden dar la impresión de que las exigencias de nuestra obediencia son menos plenas que en los sistemas autocráticos y centralizados. ¿No es, pues, la obediencia un compromiso entre lo que yo quiero y lo que la Orden me pide? ¿No ha de luchar uno por cierta autonomía? No creo que se trate de esto. La fraternidad nos exige dar todo lo que somos. Ya que, como todos los votos, se ordena a la *caritas*, una expresión de amor y, por lo mismo, realizada con todo el corazón. Siempre se dará inevitablemente una tensión entre el proceso de diálogo, la búsqueda del consenso y el momento de ponerse uno en las manos de los hermanos, pero es una tensión fructuosa, más que un compromiso negociado. Aunque hablo aquí en relación con mi experiencia de gobierno con los hermanos, espero que esto pueda ser también útil a las hermanas.

He comenzado por señalar la enormidad de los retos que enfrentamos como Orden. Y pienso que podremos asumirlos sólo si formamos nuevos proyectos comunes, dejando apostolados que pueden ser muy queridos para nosotros individualmente o como provincias. Tenemos que atrevernos a realizar nuevos experimentos aún arriesgándonos a fracasar. Tenemos que atrevernos a abandonar algunas obras que han sido importantes en el pasado. Debemos animarnos a morir si queremos vivir. Esto exige movilidad de mente, de corazón y de cuerpo, como provincias y como individuos. Si queremos construir verdaderos centros de formación y de estudios en África o en Latino América, reconstruir la Orden en Europa del Este, enfrentar los retos de China, predicar el Evangelio en el mundo de los jóvenes, dialogar con el Islam y las otras religiones; entonces inevitablemente tenemos que dejar algunos apostolados. De otra manera nunca seremos capaces de iniciar algo nuevo.

Para mí, la donación total de sí mismo a los hermanos es algo más que la necesaria flexibilidad que requiere una compleja organización para responder a los nuevos retos. Pertenece a la libertad en el Cristo que predicamos. Pertenece a la *lex libertatis* [13], la ley de la libertad de la Nueva Alianza. En la noche en que iba a ser entregado, cuando su vida estaba condenada al fracaso, Jesús tomó pan, lo dio a sus discípulos y dijo: *"Esto es mi cuerpo, que os doy"*. Enfrentado a su destino, porque *"era necesario que el hijo del hombre fuese entregado"*, hizo este supremo acto de libertad entregando su vida. En nuestra profesión, cuando ponemos nuestra vida en las manos del provincial, hacemos un gesto eucarístico de loca libertad. Esta es mi vida y yo os la entrego. Es entonces cuando nos damos a la misión de la Orden, *"entregados plenamente para la evangelización total de la Palabra de Dios* [14].

Cuando un hermano pone su vida en nuestras manos implica que nosotros estamos obligados a corresponder. Tenemos que atrevernos a pedir todo de él. Un provincial debe tener la capacidad de creer que los hermanos de su provincia son capaces de hacer cosas maravillosas, incluso aquellas con las que ni siquiera ellos mismos han soñado. Nuestro sistema de gobierno debe expresar la sorprendente confianza entre todos, así como Domingo que escandalizó a sus

13. 1a. 2ae., q. 108, a. 4.
14. LCO 1, III.

contemporáneos enviando a sus novicios a predicar diciéndoles: *"Dios estará con vosotros y os inspirará las palabras que hay que predicar"*[15]. Si un miembro de la Orden ha dado libremente su vida, precisamente por ese don, le pedimos algo libremente, incluso si ello significa renunciar a un proyecto muy querido y que está floreciente. De otra manera la Orden se paralizaría. Tenemos que invitarnos mutuamente a dar nuestras vidas a nuevos proyectos, atrevernos a asumir los retos del momento más que usarlos sólo para mantener vivas las instituciones o las comunidades que ya no son vitales para la predicación.

Hay retos hoy día ante nosotros que exigen una respuesta de toda la Orden. La evangelización de China es ciertamente uno de ellos. En estos casos el Maestro ha de pedir a las provincias que sean generosas y ofrezcan hermanos para las nuevas áreas de la misión, incluso si ello trae consecuencias difíciles de sobrellevar. Necesitando un fraile para nuestro nuevo Vicariato de Rusia y Ucrania, me acerqué a un provincial con cierta incertidumbre, sabiendo que ese hermano crearía un vacío difícil de cubrir en su provincia. El provincial me dijo: "Si la Providencia de Dios ha preparado a este hermano para este trabajo, también debemos confiar que Su Providencia velará por nuestras necesidades".

Nada nuevo podrá nacer si no nos decidimos a dejar las obras que, aún teniendo probado valor, nos anclan al pasado y comenzamos otras necesarias, pero para las que no está asegurado el éxito. No podemos saberlo de antemano. La presión de nuestra sociedad es la de tener una carrera, una vida con futuro. Dar nuestra vida a la predicación del Evangelio es renunciar a esta seguridad. Somos gente que no tiene carrera ni prospectivas. Esa es nuestra libertad. Pienso, por ejemplo,

15. Acta de Canonización, 24.

en los hermanos que están iniciando la fundación de la Orden en Corea, esforzándose con una lengua y una cultura desconocidas, sin garantías de que su esfuerzo vaya a ser recompensado con el éxito. Este es sólo un don de Dios, como lo fue la resurrección después del fracaso de la cruz. Un verdadero regalo es siempre una sorpresa, algo inesperado.

Una de las maneras en las que vivimos esta generosidad es aceptando la elección como prior, como provincial o como miembro de un consejo conventual o provincial. En muchas provincias ha sido difícil encontrar hermanos dispuestos a aceptar el oficio. La búsqueda de un superior se convierte en el asunto de encontrar alguien que acepte que su nombre sea propuesto a los miembros de Capítulo. "Se buscan candidatos". Me parece que la única razón para aceptar un cargo es obedecer a la voluntad de los hermanos y no porque desee ser "candidato". Siempre habrá razones objetivas para rechazar un oficio y han de ser tomadas en cuenta seriamente y posiblemente aceptadas, cuando ha sido confirmado por la autoridad competente. Estas han de ser razones realmente graves y no simplemente el que uno no se siente atraído por la idea de asumir el cargo.

En la montaña de la Transfiguración, Pedro se siente fascinado por la visión de la gloria que ha visto. Desea construir tres tiendas y quedarse allí. Se resiste a la llamada de Jesús a recorrer el camino a Jerusalén, donde deberá sufrir y morir. No llega a ver que es precisamente en la muerte de la cruz donde la gloria será revelada. Muchas veces también nosotros quedamos fascinados por la gloria de nuestro pasado, la gloria de las instituciones que nuestros hermanos edificaron. Expresemos nuestra gratitud hacia ellos buscando caminos que respondan a los retos de hoy. Como Pedro, corremos el riesgo de quedarnos hipnotizados y paralizados resistiendo la llamada a levantarnos y caminar para compartir la muerte y la resurrección. Toda provincia debe enfrentar la muerte y la resurrección en cada generación. Existe también la muerte estéril de los que se quedan impávidos en la montaña de la Transfiguración cuando el Señor ya se ha ido; también existe la muerte fértil de los que se han atrevido a emprender el camino y llegar hasta el Calvario, que lleva a la resurrección.

2. Pobreza: La generosidad del Dios bondadoso

La pobreza es un voto para el que es difícil encontrar palabras que suenen verdaderas, y esto por dos razones: Porque los hermanos y hermanas que se han acercado realmente a la pobreza son con frecuencia los más reticentes en hablar de ella. Saben muy bien cuándo lo que decimos acerca de la pobreza y de la "opción por los pobres" es retórica vacía. Saben muy bien qué terrible es la vida de los pobres, muchas veces sin esperanza, con la cotidiana violencia, la rutina, la inseguridad y la dependencia. Los que hemos podido ver, aunque sea de lejos, lo que es la pobreza, no creemos en las palabras bonitas. ¿Podremos alguna vez saber lo que significa vivir la degradación, la inseguridad y la desesperanza?

La segunda razón es porque ser pobre significa algo diferente de una sociedad a otra, dependiendo de los lazos familiares, el tipo de economía, la previsión social el Estado, etc., etc. La pobreza significa una cosa en la India, donde existe una larga tradición del santón mendicante, otra en África donde la mayor parte de las culturas ven en la riqueza una bendición de Dios, y todavía otra en las culturas consumistas de Occidente. Las connotaciones culturales nos condicionan más en lo que se refiere al voto de pobreza que en los de castidad y obediencia. El tamaño y lugar de la comunidad, los apostolados de los hermanos, imponen múltiples matices que nos alertan contra un juicio demasiado rápido sobre cómo están viviendo los otros este voto.

Como los otros votos, la pobreza es un medio. Nos da la libertad para ir y predicar en cualquier lado. No se puede ser un predicador ambulante si se ha de cargar con el ajuar cada vez que uno se traslada. En la Bula *Cum Spiritus Fervore* de 1217, Honorio III escribía de Domingo y sus hermanos:

> *Con el fervor del espíritu que les animaba, despojándose del peso de las riquezas de este mundo y estando revestidos con el celo de propagar el Evangelio, decidieron ejercer el oficio de predicar en el humilde estado de pobreza voluntaria, exponiéndose a sí mismos a sufrimientos y peligros sin número por la salvación de los otros*[16].

Estamos invitados a dejar no sólo las riquezas para seguir a Cristo, sino *"hermanos, hermanas, padres y madres por Mi"*. La renuncia que nos da libertad implica también una ruptura radical con la familia, un desheredarse. Las consecuencias de esto requieren ser enseñadas con delicadeza, ya que la naturaleza de la familia ha cambiado en muchas sociedades. Nuestras familias hoy día están marcadas por el divorcio y un nuevo casamiento; y a veces, en algunas sociedades, nuestros hermanos y hermanas son cada vez más pequeños de edad. Tenemos obligaciones reales hacia nuestros padres, pero ¿cómo conciliarlas con la radical entrega que hemos hecho de nosotros mismos dedicando nuestras vidas a la predicación del

16. Citado por Vicaire, "The Order of St. Dominic in 1215", in Peter B. Lobo, OP, *The Genius of St. Dominic*, p. 75.

Evangelio a través de los votos en la Orden? Es paradójico que con frecuencia una familia considere a los que han ingresado en la vida religiosa como los que "están libres" para cuidar a los padres ancianos o enfermos. Tenemos que reflexionar sobre esto con mucha delicadeza.

El voto de pobreza nos da la libertad para entregarnos sin reservas a la predicación del Evangelio, pero no en un sentido utilitarista de un mero medio. Como en los otros votos, Santo Tomás afirma que está ordenado a la *caritas*, al amor, que es la misma vida de Dios. ¿Cómo podemos vivir esto para poder hablar de Dios con credibilidad?

Una manera de responder será explorando de qué manera la pobreza toca aspectos fundamentales del sacramento del Amor que es la Eucaristía. Puesto que la Eucaristía es el Sacramento de la unidad que acaba con la pobreza; es el sacramento de la vulnerabilidad que fortalece al pobre; es el momento del don, que nuestra cultura consumista rechaza. Preguntarnos cómo podemos y debemos ser pobres, es preguntarnos cómo debemos vivir eucarísticamente.

2.1. Invisibilidad

La noche antes de morir, Jesús reunió a sus discípulos alrededor de la mesa para celebrar con ellos la nueva alianza. Era el nacimiento de un hogar al que todos podrían pertenecer desde el momento en que él había hecho suyo todo lo que puede destruir a la comunidad humana: la traición, la negación e incluso la muerte. El escándalo de la pobreza es que divide lo que Cristo ha unido. La pobreza no es únicamente condición económica: la falta de comida, de vestido o de trabajo. Lázaro a la puerta del rico no sólo queda excluido de compartir el alimento, sino también de sentarse a su mesa. El enorme abismo que les separa después de la muerte es un reflejo del que existía ya en vida. En nuestros días la distancia que separa a los países ricos de los países pobres, y dentro de ellos mismos, se está haciendo cada vez más aguda. Incluso en los países ricos de la Comunidad Europea se cuentan al menos veinte millones de desempleados. El cuerpo de Cristo está desmembrado.

La pobreza voluntaria que profesamos tiene valor, no porque tenga valor ser pobre. La pobreza es terrible. Tiene sentido porque nos permite superar las fronteras que separan a los seres humanos entre sí, estar presentes con nuestros hermanos y hermanas. ¿Qué credibilidad podrían tener nuestras palabras hablando de la unidad en Cristo si no nos atrevemos a andar este camino? El año pasado pude constatar cuánto nos aventajan las hermanas, estando sencillamente entre los pobres en tantas partes del mundo y siendo un signo creíble del Reino.

La Eucaristía es el fundamento de este hogar universal humano. ¿Los pobres se sentirían bienvenidos y en casa en nuestras comunidades? ¿Sentirían que son respetados en su dignidad, o se sentirían enpequeñecidos y agredidos? ¿Nuestros edificios atraen o repelen? Una de las maneras como los pobres son eliminados de nuestra comunidad humana es haciéndolos invisibles e inaudibles. Son los que desaparecen, los "desaparecidos", como el pobre Lázaro a la puerta del rico. Cuando uno llega a la estación de ferrocarril de Calcuta, una multitud de pordioseros se precipita mostrando mil deformidades, quieren ser vistos, exigen ser visibles. ¿Osaríamos mirar, aun con temor de ver a un hermano o una hermana?

2.2. Vulnerabilidad

En la última cena, Cristo abraza sus sufrimientos y su muerte. Acepta hasta sus últimas consecuencias la vulnerabilidad de ser humano, la capacidad de ser herido y muerto. Nuestro voto de pobreza nos invita ciertamente a abrazar nuestra propia vulnerabilidad. En la bula de Honorio III que he citado, Domingo y los hermanos son reconocidos no sólo por ser pobres, sino por exponerse a sí mismos a sufrimientos y peligros sin número por la salvación de los demás. ¿De qué manera concreta compartir nosotros la vulnerabilidad del pobre?

Por poco que tengamos para comer, siempre habrá una salida para nosotros porque la Orden no nos dejará "morir de hambre". Con todo, también he encontrado hermanos y hermanas que se han atrevido a ir tan lejos como han podido en esto, como por ejemplo en uno de los barrios más violentos de Caracas. Allí enfrentan el peligro y la fatiga de vivir cada día en un mundo afligido continuamente por la violencia. Esa es real vulnerabilidad y puede costarles la vida. Pienso también en nuestros hermanos y hermanas de Haití, cuya decidida actitud en favor de la justicia pone sus vidas en peligro. En Argelia y en el Cairo, nuestros hermanos han decidido permanecer, a pesar de los peligros, como un signo de su esperanza en la reconciliación entre cristianos y musulmanes. En Guatemala nuestras hermanas indígenas usan los vestidos de la gente indígena precisamente para compartir su cotidiana humillación. Si usasen un hábito tradicional estarían protegidas. No todos estamos llamados a exponernos de la misma manera. Hay multitud de tareas dentro de la Orden, pero sí podemos conocerlas, apoyarlas y aprender de ellas. En la base de nuestra teología están sus experiencias.

Esta llamada de Cristo a la vulnerabilidad debe cuestionar cómo vivimos juntos el voto de pobreza. ¿Nos atrevemos a vivir al menos la vulnerabilidad propia de la vida común? ¿Tenemos realmente un objetivo común? ¿Vivimos la inseguridad de dar a la comunidad todo lo que recibimos, arriesgándonos a no recibir después aquello que nosotros consideramos necesario? ¿Cómo podemos predicar a un Cristo que se puso totalmente en nuestras manos si nosotros no lo hacemos? ¿Están nuestras comunidades divididas en diferentes clases económicas? ¿Hay hermanos que tienen acceso a más recursos que otros? ¿Se comparten realmente los bienes entre las comunidades de una misma provincia y las provincias entre sí?

2.3. El Don

En el centro de nuestras vidas está la celebración de ese momento de total vulnerabilidad y generosidad, cuando Jesús tomó el pan, lo partió, y lo dio a sus discípulos diciendo: *"Tomad y comed, esto es mi cuerpo entregado por vosotros"*. En el centro del Evangelio está el momento del don absoluto. Aquí es donde la *caritas,* que es la vida de Dios, se hace tangible. Es una generosidad que nuestra sociedad encuentra difícil de entender, porque vive en un mercado donde todo se compra y se vende. Qué sentido puede tener un Dios que grita: *"Venid a mí todos los que tenéis hambre y sed y yo os saciaré gratuitamente"*. Todas las sociedades tienen mercados, compran y venden e intercambian bienes. La sociedad occidental difiere en cuanto que toda ella es un mercado. Es el modelo fundamental que domina y forja nuestros conceptos de sociedad, de política y hasta de nosotros mismos. Todo se vende. La infinita fertilidad de la naturaleza, la tierra, el agua, todo tiene precio y se reduce a acciones de la bolsa de valores.

Incluso nosotros estamos en "el mercado de trabajo". Esta sociedad de consumo amenaza con ahogar al mundo entero; y todo dice hacerlo en nombre de la libertad, aunque en realidad nada sea gratuito [17]. Incluso cuando somos conscientes de la angustia del pobre y tratamos de responder a ella, con frecuencia nuestra *caritas* se monetiza y se convierte en *caridad* (limosna), substituyendo el compartir la vida con un don monetario.

¿Cómo podremos predicar al Dios de la gratuidad y de la generosidad, que nos entrega toda su vida, si nos dejamos aprisionar en estos esquemas culturales? Una de las exigencias del voto de pobreza es vivir sencillamente para poder ver el mundo desde una perspectiva diferente que nos acerque a la visión del Dios de la gratuidad. La vida de nuestras comunidades debería estar marcada por esta sencillez de vida que nos ayuda a liberarnos de las ilusorias promesas de la cultura consumista y de *"la dominación de la riqueza"* [18]. El mundo se ve de manera diferente desde el asiento de un Mercedes Benz que desde el de una bicicleta. Jordán de Sajonia decía que Domingo era *"un verdadero amante de la pobreza"*, quizá no por la pobreza en sí misma, sino porque la pobreza puede liberarnos de nuestros profundos deseos. Muchas veces he quedado gratamente impresionado de la alegría y espontaneidad de nuestros hermanos y hermanas que viven en simplicidad y pobreza.

En algunas partes de la Orden, el lenguaje que usamos para describir nuestra vida común me hace pensar en el cuidado que debemos poner para no ser absorbidos por los valores del mundo financiero. Se habla de

17. *Libre* y *gratis* se dicen de la misma manera en inglés (n. del t.).

18. LCO 31, I.

los hermanos y de las hermanas como: "el personal", "los recursos humanos", etc.; los oficios de los superiores adquieren también un carácter empresarial: "la dirección", "la administración", y hasta se estudian "técnicas de dirección y administración". Difícilmente podríamos imaginar a Domingo como el primer presidente de la *Orden de Predicadores, S. A.* ¿Cuántas veces los provinciales impiden a los hermanos iniciar nuevos caminos en la predicación o la enseñanza porque tendría repercusiones financieras negativas?

Los edificios en los que vivimos son un regalo. ¿Los tratamos y cuidamos con gratitud? ¿Somos responsables de las cosas que se nos dan? ¿Respetamos la intención para lo que las recibimos? ¿Cómo gastamos en nuestras construcciones? ¿Necesitamos los edificios en los que estamos? ¿Podríamos utilizarlos de un mejor modo? Los ecónomos de las comunidades tienen con frecuencia un trabajo ingrato, sin embargo, tienen un papel vital en ayudarnos a vivir con la responsabilidad que les debemos a quienes han sido generosos con nosotros.

3. La Castidad: La amistad de Dios

Tenemos en la Orden una urgente necesidad de pensar juntos sobre el sentido del voto de castidad. Toca aspectos esenciales a nuestra humanidad: la sexualidad, la corporeidad, la necesidad de expresar y recibir afecto; aunque a veces tengamos miedo de tratarlo. Frecuentemente es un área en la que tenemos que luchar solos, temiendo ser juzgados o incomprendidos. Será quizá provechoso preparar una carta sobre este tema en un futuro próximo.

Es cierto que este voto como los demás es un medio. Nos da la libertad para predicar, la movilidad para responder a las necesidades de la Orden. Es particularmente importante no asumir este voto sólo como un mal necesario. Si no aprendemos a abrazarlo positivamente, a través de un tiempo que puede ser largo y de no poco sufrimiento, corremos el riesgo de envenenar toda nuestra vida. La castidad es posible porque, como todos los demás votos, se ordena a la *caritas*, que es la misma vida de Dios. Es una manera particular de amar. De no ser así nos llevará a la frustración y a la esterilidad.

El primer signo en contra de la castidad es la incapacidad de amar. Se decía de Domingo que *"como amaba a todos, era amado de todos"* [19]. Lo que está en juego una vez más es la credibilidad de nuestra predicación. ¿Cómo podemos hablar de Amor de Dios si nosotros no vivimos este misterio? Si lo hacemos, entonces nos exigirá morir y resucitar. La tentación aquí es la de huir. Una de las formas más comunes de escape es la del activismo; perdernos en una actividad desenfrenada, aunque sea buena e importante. Otra forma de huir es la soledad. Podemos también encontrarnos huyendo de nuestra sexualidad o de nuestra corporeidad. La Orden nació justamente en los tiempos en que se discutía con toda fuerza este dualismo. Domingo predicó contra la división del cuerpo y del alma, del espíritu y la materia. Aún hoy día permanece como una fuerte tentación. Mucho de la cultura moderna es profundamente dualista. La pornografía, que parece deleitar a la sexualidad, es en realidad una fuga, pues esconde un rechazo de la vulnerabilidad que exige la relación humana. El "voyerista" se guarda a distancia, es invulnerable y, aunque miedoso, conserva el control.

En la Encarnación nuestra corporeidad es bendecida y santificada. Si hemos de ser predicadores de la

19. Jordán de Sajonia, *Libellus*, 107; cfr. LCO 25.

Palabra hecha Carne, no podemos ni debemos olvidarnos de lo que nosotros somos. ¿Nos preocupamos debidamente de los cuerpos de nuestros hermanos procurándoles el alimento necesario, atendiéndoles cuando están enfermos, mostrándoles ternura cuando envejecen? Cuando Bede Jarrett escribía para animar a un joven benedictino que pasaba los primeros sufrimientos de la amistad, decía:

> *Me alegro de esto, porque pienso que la tentación te había llevado hacia el puritanismo, la estrechez de miras y una cierta inhumanidad. Tendías a negar el aspecto santo del encuentro con el amigo. Estabas enamorado del Señor, pero no realmente de su Encarnación. En realidad tenías mucho miedo*[20].

Las bases de nuestra castidad no pueden ser temidas; no podemos temer nuestra sexualidad, nuestra corporeidad, o a las personas del sexo opuesto. El temor nunca ha sido un buen fundamento para la vida religiosa. Ya que Dios vino a nosotros, y se atrevió a hacerse carne y sangre, aunque ello le llevó a la crucifixión. Este voto exige de nosotros que vayamos a donde Dios ha ido antes que nosotros. Nuestro Dios se ha hecho hombre y nos pide que nosotros hagamos lo mismo.

Santo Tomás de Aquino establece el principio básico de que nuestra relación con Dios es de amistad, *amicitia*. La buena noticia que anunciamos es que participamos del infinito misterio de la amistad del Padre y del Hijo, que es el Espíritu. Y en efecto, Santo Tomás dice que los consejos evangélicos son los consejos propuestos por Cristo en la amistad[21].

20. Ed. Bede Bailey, Aidan Bellanger and Simon Tugwell, *Letters of Bede Jarrett*, Dominican sources in English, vol. 5, Downside ad Blackfriars, p. 180.
21. 1a. 2ae., q. 108, a. 4.

Una de las maneras como vivimos esa amistad es el voto de castidad. Para ayudarnos a reflexionar sobre lo que este voto exige de nosotros, veamos muy brevemente dos aspectos del amor Trinitario, que es totalmente generoso y nada posesivo, y que se da entre iguales.

3.1. Un amor que no es posesivo

El amor con que el Padre ama al Hijo es un amor absolutamente generoso y no posesivo por el que el Padre le da todo al Hijo, incluyendo la divinidad. No se trata de un sentimiento o de una emoción, sino del amor que asegura la existencia del Hijo. El amor humano, ya sea entre los casados como entre los religiosos, debería buscar vivir y compartir este misterio de generosidad no posesiva.

Debemos evitar toda ambigüedad sobre lo que este amor exige a los que hemos profesado el voto de castidad. No sólo significa que no nos casamos, sino que nos abstenemos de la actividad sexual. Es una clara y real renuncia, un ascetismo. Si aparentamos otra cosa o aceptamos compromisos, entonces entramos en un camino que será imposible sobrellevar y que causará enormes sinsabores tanto a nosotros mismos como a los demás.

Lo primero que se nos pide como profesos es creer que el voto de castidad es realmente un camino para amar; que aunque pasemos por momentos de frustración y desolación, alcanzaremos la plenitud de nuestro ser humano afectiva y vitalmente. Los miembros ancianos de nuestras comunidades son por lo general signos de esperanza para nosotros, descubriendo en ellos hombres y mujeres que han superado las tribulaciones de la castidad, y han alcanzado la libertad de los que pueden amar sin limitaciones. Son signos de que con Dios nada es imposible.

Para poder alcanzar esta libertad sin posesividad en el amor, se requiere tiempo. Tenemos muchas veces que enfrentar fracasos y desánimos en el camino. Hoy que la gente ingresa en la Orden habiendo tenido a veces experiencias sexuales, no hemos de vislumbrar la castidad como una inocencia que puede perderse, sino más bien como la integridad del corazón en la que debemos crecer. Los fracasos, con la gracia de Dios, pueden formar parte de nuestro proceso de madurez, ya que *"todo coopera para el bien de los que Dios ama"*[22].

Nuestras comunidades han de ser los lugares en que nos demos ánimo cuando el corazón de alguno se debilita, perdón cuando alguno falle y veracidad cuando uno corre el riesgo de engañarse. Hemos de creer en la bondad de nuestros hermanos y hermanas incluso cuando ellos han dejado de creer en sí mismos. No hay nada más venenoso que el auto-desprecio. Como escribía Damian Byrne en su carta sobre la Vida Común:

> *Mientras que el santuario más íntimo de nuestro corazón se da a Dios, tenemos otras necesidades. El nos ha hecho de tal manera que una amplia parte de nuestra vida es accesible a los otros y necesita de los demás. Cada uno de nosotros necesita experimentar el genuino interés de los demás miembros de la comunidad, su afecto, estima y compañerismo... La vida en común significa compartir el pan de nuestra mente y de nuestro corazón, unos con otros. Si los religiosos no encuentran esto en sus comunidades, lo buscarán en otro lado.*

Algunas veces el paso a la verdadera libertad e integridad del corazón nos exigirá pasar por el valle

22. Rom 8, 28.

de la muerte, encontrándonos de cara a una aparente frustración y esterilidad. ¿Será posible recorrer este camino sin la oración? Tenemos en primer lugar la oración que compartimos con la comunidad, la oración cotidiana que es fundamental a nuestras vidas. También contamos con la oración personal y silenciosa, que nos pone cara a cara frente a Dios, en momentos de innegable verdad y asombrosa misericordia. Aquí es donde uno puede aprender a esperar. Domingo mismo, algunas veces, cuando caminaba, invitaba a los hermanos a tomar la delantera para poder estar un momento solo para orar. En una versión temprana de las Constituciones, Domingo decía que el Maestro de novicios debía enseñar a los novicios a orar en silencio [23]. Nuestras hermanas monjas tienen mucho que enseñarnos a los frailes sobre el valor de la oración personal.

3.2. El Amor que da igualdad

Finalmente, el amor que está en el corazón de Dios es un amor totalmente fértil; es generador y creador de todo lo que existe. Con lo que luchamos en la castidad no es únicamente la necesidad de afecto, sino el deseo de crear, de comunicar la vida. Nuestro cuidado de unos para con los otros debe incluir la atención a la creatividad que cada uno posee y nuestras vidas como dominicos deben ponerse al servicio del Evangelio. Esta puede ser la capacidad que un hermano o hermana tienen para crear comunidad en una parroquia, o para el trabajo intelectual de teología, o la creación de obras de teatro espontáneas, como los prenovicios en El Salvador. Nuestra castidad nunca debe ser estéril.

23. Constituciones primitivas, Dist. I, c. XIII.

El amor de Dios es tan fértil que crea la igualdad. En la Trinidad no hay manipulación ni dominación. No hay superioridad o condescendencia. Esto es lo que nuestro voto de castidad nos invita a vivir y a predicar. Como escribía Tomás, la amistad descubre o crea la igualdad[24]. La fraternidad en nuestra tradición dominicana, la estructura democrática de gobierno en la que tanto nos gozamos, expresa no sólo un modo de organizar nuestras vidas y de tomar decisiones, sino, sobre todo, el misterio de la vida de Dios. El que los hermanos sean conocidos como *Ordo Fratrum Praedicatorum* engloba lo que predicamos, el misterio del misterio de ese amor de perfecta igualdad que es la Trinidad.

Esto ha de caracterizar todas nuestras relaciones. De la familia dominicana, con el reconocimiento de la dignidad de cada uno, y la igualdad de todos y cada uno de sus miembros, dependerá vivir adecuadamente este voto. La relación entre las hermanas y hermanos, religiosos y laicos, debe ser también una "santa predicación". Incluso la búsqueda de un mundo más justo, en el que la dignidad de todo ser humano sea respetada, no es sólo un imperativo moral, sino una expresión del misterio de amor que es la vida de la Trinidad que estamos llamados a encarnar.

Conclusión

Cuando Domingo pasaba por las aldeas donde su vida estaba amenazada de muerte por los albigenses, cantaba en voz alta para que todos supieran que él estaba allí. Los votos tienen valor sólo si nos liberan para cumplir la misión de la Orden con algo del ánimo

24. I *Ethicorum*, I, 8, s. 7.

y la alegría de Domingo. No han de ser una carga pesada que nos oprima, sino garantía de libertad para caminar ligeros hacia nuevos lugares realizando cosas nuevas. Lo que he escrito en esta carta es sin duda algo inacabado de como podrían ser las cosas. Espero que juntos podamos construir una visión compartida de nuestra vida como dominicos, entregados a la misión, que nos fortalezca en el camino y nos dé libertad para cantar.

5
El manantial de la esperanza. El estudio y el anuncio de la Buena Nueva

Cuando Santo Domingo recorría el sur de Francia, su vida en peligro, solía cantar alegremente: *"Estaba siempre alegre y feliz, excepto cuando se movía a compasión por las penas que afligían a su prójimo"*[1]. Y esta alegría de Santo Domingo es inseparable de nuestra vocación de predicadores de la buena nueva. Estamos llamados a *"dar razón de nuestra esperanza"* (1Pe 3, 15). Hoy en día, en un mundo crucificado por el sufrimiento, por la violencia y por la pobreza, nuestra vocación es más ardua y más difícil que nunca. Hay una crisis de esperanza en todo el mundo. ¿Cómo debemos vivir la alegría de Domingo siendo hombres de nuestro tiempo y compartiendo las crisis de nuestra gente y la fuerza y debilidad de nuestra cultura? ¿Cómo alimentar una esperanza profunda, fundados en la promesa inquebrantable de Dios que ofrece vida y felicidad para sus hijos? En esta carta a la Orden expondré mi convicción de que una vida de estudio es uno de los modos de progresar en este amor que *"todo lo excusa, todo lo cree, todo lo espera, todo lo soporta"* (1Co 13, 7).

1. Cecilia, Miracula B. Dominici, 15 (*Archivum Fratrum Praedicatorum XXXVII* Roma 1967, p. 5 ss).

Ha llegado la hora de renovar los amores entre la Orden y el estudio. Está comenzando ya a ser realidad. Veo abrirse en todo el mundo nuevos centros de estudio y de reflexión teológica, en Kiev, Ibadan, Sâo Paulo, Santo Domingo, Varsovia, por nombrar sólo algunos. Estos centros no deberían ofrecer sólo una formación intelectual. El estudio es el camino hacia la santidad, que abre nuestros corazones y nuestras mentes a los demás, que crea comunidad y forma a los que proclaman llenos de confianza la venida del reino.

La Anunciación

El estudio es en sí mismo un acto de esperanza, puesto que expresa nuestra confianza de que nuestra vida y los sufrimientos de la gente tienen un significado. Y este significado es como un don, como una Palabra de Esperanza que promete vida. Hay un momento en la historia de nuestra redención que resume con gran fuerza lo que significa recibir este don de la buena nueva: la Anunciación a María. Ese encuentro, esa conversación son un símbolo elocuente de lo que significa ser estudiante. Lo usaré como ejemplo para encauzar nuestra reflexión sobre el estudio como fundamento de nuestra esperanza.

En primer lugar, hay un momento de atención. María escucha la buena nueva que se le anuncia. Y éste es el comienzo de nuestro estudio, la atención a la Palabra de Esperanza proclamada en la Escritura. *"Domingo instaba a sus hermanos, de palabra y con cartas, a estudiar incesantemente el Nuevo y el Antiguo Testamento"*[2]. Aprendemos a escuchar al Señor que dice: *"Grita de júbilo,*

2. Proceso de canonización, nº 29.

estéril que no das a luz, rompe en gritos de júbilo y alegría, la que no ha tenido dolores" (Is 54,1). ¿Nos brindan nuestros estudios la severa disciplina de aprender a escuchar la buena nueva?

En segundo lugar, es un momento de fertilidad. Ahí está, según la pinta fray Angélico, con el libro en sus rodillas, atenta, esperando, escuchando. Y el fruto de su atención es que lleva en sus entrañas a un niño, el Verbo hecho carne. Su escucha impele toda su creatividad, toda su fertilidad femenina. De igual modo nuestro estudio, la atención a la Palabra de Dios, debería hacer brotar la fuente de nuestra fertilidad, debería llevarnos a hacer nacer a Cristo en nuestro mundo. En un mundo que parece con frecuencia como fracasado y estéril, nosotros hacemos nacer a Cristo en un milagro de creatividad. Donde quiera que se escucha la Palabra de Dios, ésta no habla sólo de esperanza sino de una esperanza que se hace carne y sangre en nuestras vidas y palabras. A Congar le gustaba citar las célebres palabras de Peguy: *"No la Verdad sino lo Real... Es decir, la Verdad históricamente, con su situación concreta en el futuro, en el tiempo"*. Este es el verdadero test de nuestro estudio: ¿hace nacer a Cristo de nuevo? ¿Son nuestros estudios momentos de real creatividad, de Encarnación? ¡Las casas de estudio deberían ser como salas de parto del estudio!

En tercer lugar, en un momento en el que el pueblo de Dios parece estar abandonado y sin esperanza, Dios da a su pueblo un futuro, un camino hacia el Reino. La Anunciación transforma la manera de entender la historia del pueblo de Dios. En vez de llevar a la servidumbre y a la desesperación, abre un camino hacia el Reino. ¿Preparan nuestros estudios el camino para la venida de Cristo? ¿Transforman nuestra percepción de la historia humana de modo que podamos llegar a entenderla, no desde el punto de vista del vencedor sino del pequeño y abrumado a quien Dios no ha olvidado y al que justificará?

1. Aprender a escuchar

Y entrando donde ella estaba, dijo: "Alégrate, llena de gracia, el Señor es contigo". Ella se conturbó por estas palabras, y discurría qué significaría aquel saludo" (Lc 1,28-29).

María escucha las palabras del ángel, la buena nueva de nuestra salvación. Este es el comienzo de todo estudio. Estudiar no es aprender a ser más inteligente sino a escuchar. Weil escribió a fr. Perrin que *"el desarrollo de la facultad de atención constituye el verdadero objeto y casi el único interés del estudio"*[3]. Esta receptividad, esta apertura del oído que es la característica de todo estudio, está íntimamente unida en el fondo a la oración. Ambas nos piden que estemos en silencio esperando que la Palabra de Dios venga a nosotros. Ambas nos piden vaciarnos de nosotros mismos para poder esperar lo que el Señor tenga a bien darnos. Pensemos en el cuadro que fray Angélico hizo de Santo Domingo, leyendo sentado al pie de la cruz. ¿Estaba estudiando o rezando? Pero ¿importa mucho esto? El estudio nos hace mendicantes. Nos lleva al descubrimiento apasionante de que ignoramos lo que tal o tal texto significa, de que nos hemos convertido en ignorantes y necesitados, y que esperamos por eso con inteligente receptividad lo que se nos dé.

Para Lagrange, la Escuela Bíblica era un centro de estudios escriturísticos precisamente porque era una

3. Simone Weil, *Attente de Dieu*, París 1950, p. 71.

casa de oración. El ritmo de vida de la comunidad giraba entre la celda y el coro. Por ello escribió: *"Me gusta escuchar el evangelio cantado por el diácono desde el ambón, entre nubes de incienso: las palabras penetran en mi alma más profundamente cuando las encuentro de nuevo en un artículo"*[4]. Nuestros monasterios deberían jugar un papel importante en la vida de estudio de la Orden, como oasis de paz y lugares de reflexión atenta. El estudio en nuestros monasterios pertenece al ascetismo de la vida dominicana monástica. No puede dejarse sólo para los hermanos. Toda monja es acreedora a una buena formación intelectual como parte de su vida religiosa. Como dicen las Constituciones de las monjas, *"el Bienaventurado Domingo recomendó ciertas formas de estudio a las primeras monjas como una auténtica observancia de la Orden. No solamente alimenta la contemplación sino que evita los impedimentos que surgen a causa de la ignorancia y ayuda a formar un juicio práctico"* (LMO 100, II).

María escuchó la promesa del ángel, y llevó en su seno la Palabra de la Vida. Esto parece muy sencillo. ¿Qué más necesitamos sino abrirnos a la Palabra de Dios dicha en la Escritura? ¿Por qué son necesarios tantos años de estudio para formar predicadores de la buena nueva? ¿Por qué tenemos que estudiar filosofía, leer libros voluminosos y difíciles de teología cuando tenemos la misma Palabra de Dios? ¿No es fácil "dar razón de nuestra esperanza"? Dios es amor y el amor triunfó sobre la muerte. ¿Qué más hay que decir? ¿No traicionamos esta sencillez con nuestras complejas disquisiciones? Pero no fue tan sencillo para María. Esta historia comienza con su perplejidad. *"Ella se conturbó por estas palabras, y discurría qué significaría aquel saludo"*. Comenzamos a escuchar cuando nos atrevemos a

4. B. Montagnes, *Le Père Lagrange*, París 1995, p. 57.

estar perplejos, conturbados. Y la historia continúa con su pregunta al mensajero: *"¿Cómo será esto, puesto que no conozco varón?"*.

1.1. La confianza en el estudio

Se cuenta la anécdota que san Alberto Magno estaba una vez sentado en su celda estudiando y el diablo se le apareció disfrazado de uno de sus hermanos e intentó convencerlo de que perdía su tiempo y sus energías con el estudio de las ciencias profanas. Era malo para su salud. Entonces Alberto hizo simplemente la señal de la cruz y la aparición desapareció [5]. ¡Por desgracia los hermanos no son siempre tan fáciles de convencer! Todas las disciplinas –literatura, poesía, filosofía, psicología, sociología, física, etc.– que intentan dar un sentido a nuestro mundo son nuestras aliadas en nuestra búsqueda de Dios. *"Tiene que ser posible encontrar a Dios en la complejidad de la experiencia humana* [6]. Este nuestro mundo, con todas sus penas y sufrimientos, es fruto en último término de *"ese amor divino que creó primero todas las cosas hermosas"* [7]. La esperanza que nos hace predicadores de la buena nueva no es un vago optimismo, una alegría sincera que silba en la oscuridad. Es la fe en que al final podemos descubrir un cierto significado para nuestra vida, significado no impuesto sino que está ahí, esperando que lo descubramos.

De esto se sigue que el estudio debería ser, ante todo, un placer, la pura delicia de descubrir que las cosas tienen sentido, a pesar de todas las evidencias en contrario, tanto en nuestra vida, en la historia humana, como

5. Thomas de Chantrimpé.
6. Cornelius Ernst OP, *Multiple Echo,* ed. Fergus Kerr OP y Timothy Radcliffe OP, Londres 1979, p. 1.
7. Dante, *El Infierno,* canto 1, 40.

en el versículo concreto de la Escritura en el que hemos trabajado durante toda la mañana. Nuestros centros de estudio son escuelas de alegría porque se basan en la creencia de que es posible llegar a un cierto entendimiento de nuestro mundo y de nuestra vida. La historia humana no es el conflicto sin sentido e interminable del "Parque jurásico", la supervivencia del más fuerte. La creación en que vivimos y de la que formamos parte no es resultado de un acaso sino obra de Cristo: *"Todo fue creado por él y para él, él existe con anterioridad a todo y todo tiene en él su consistencia"* (Col 1,16 f). La sabiduría danza ante el trono de Dios cuando está creando el mundo, y la finalidad de todo estudio está en compartir este placer. Simone Weil escribió en abril 1942 a un dominico francés, el P. Perrin: *"La inteligencia sólo puede ser guiada por el deseo. Pero para que haya deseo tiene que haber placer y gozo en el trabajo. El gozo de aprender es tan indispensable para el estudio como la respiración para correr"* [8]. Las Constituciones hablan de nuestra *inclinación* hacia la verdad (LCO 77), inclinación que es natural al corazón humano. Estudiar debería formar simplemente parte de la alegría de estar plenamente vivos. La verdad es el aire que respiramos por naturaleza.

Es una hermosa idea, pero admitamos de entrada que está muy lejos de la experiencia de muchos de nosotros. Para algunos dominicos, hermanos y hermanas, los años de estudio no fueron un tiempo en el que aprendieron a esperar sino a desesperar. Muy frecuentemente vi a estudiantes esforzándose por entender libros que parecían áridos y ajenos a su experiencia, por lo que deseaban que todo terminase cuanto antes para poder dedicarse a predicar, prometiendo que nunca más abrirían ningún otro libro de teología

8. Simone Weil, *op. cit.*, p. 71.

una vez terminados sus estudios. Pero peor aún que la aridez es para algunos la humillación, por ejemplo, de esforzarse con palabras hebreas sin ningún éxito, sin lograr nunca comprender la diferencia entre arrianos y apolinaristas, ¡para terminar finalmente derrotados por la filosofía alemana!

¿Por qué es tan arduo el estudio para muchos de nosotros? En parte porque estamos marcados por una cultura que perdió su confianza en el estudio como actividad útil, dudando que la discusión pueda llevarnos hasta la verdad por la que suspiramos. Si nuestro siglo estuvo tan marcado por la violencia es seguramente, en parte, porque perdió su confianza en nuestra capacidad de conseguir juntos la verdad. La violencia es el único resorte en una cultura que no confía en la búsqueda común de la verdad. Dachau, Hiroshima, Ruanda, Bosnia, son símbolos del colapso de una fe en la posibilidad de construir un hogar humano común mediante el diálogo. Y esta falta de confianza puede asumir dos formas: un relativismo que desespera de poder llegar nunca a la verdad y un fundamentalismo que afirma que la posee ya completamente.

Ante esta desesperación, que es el relativismo, nosotros proclamamos que la verdad puede ser conocida y que, de hecho, nos fue ya dada como un don. Podemos, pues, decir con San Pablo: *"Porque yo recibí del Señor lo que os he transmitido"* (1Co 11,23). Estudiar es una acción eucarística. Abrimos nuestras manos para recibir los dones de la tradición, rica en conocimiento. La cultura occidental está marcada por una profunda sospecha acerca de cualquier enseñanza, porque se la equipara a adoctrinamiento y fanatismo. La única verdad que vale es la descubierta por uno mismo o la que se basa en los propios sentimientos. *"Si me parece bien, entonces OK"*. Pero la enseñanza debería liberarnos de los estrechos confines de mi experiencia y de mis prejuicios y desplegar los amplios espacios abiertos de una verdad que nadie puede dominar. Recuerdo que, siendo estudiante, me produjo una emoción vertiginosa el descubrir que el Concilio de Calcedonia no era el final de nuestra búsqueda para entender el misterio de Cristo, sino otro comienzo, que hace saltar todas las pequeñas soluciones diminutas y coherentes en las que habíamos intentado encerrarlo. La doctrina no debería adoctrinar sino liberarnos para seguir nuestro camino.

Pero está también la corriente creciente del fundamentalismo, que procede del miedo profundo a pensar y que ofrece *"la falsa seguridad de una fe sin ambigüedad"* (Oakland Nº 109). Dentro de la Iglesia este fundamentalismo se presenta a veces como una repetición irreflexiva de palabras recibidas, como un rechazo a tomar parte en la búsqueda continua de una comprensión, como una intolerancia hacia todos aquellos que consideran la tradición no sólo una revelación sino también como una invitación a acercarse al misterio. Este fundamentalismo puede presentarse como fidelidad de roca a la ortodoxia, pero contradice un principio fundamental de nuestra fe, que es que cuando argüimos y razonamos honramos a nuestro Creador y Redentor que nos dotó de inteligencia para pensar y para acercarnos a El. Nunca podremos hacer buena teología a menos que tengamos la humildad y la valentía de prestar atención y tomar en serio argumentos de aquellos con los que no estamos de acuerdo. Santo Tomás escribió: *"Nadie puede juzgar un caso antes de ver las razones que asisten a ambas partes, por lo que quien se dedica a la filosofía estará en mejor situación para juzgar, si tiene en cuenta todos los argumentos de ambas partes"* [9]. Tenemos que dejar de lado las certezas que descartan las verdades incómodas, considerar las dos partes del

9. *In XII libros Metaphgr.* III, lect. 3.

argumento, plantear cuestiones que quizá puedan asustarnos. Santo Tomás fue el hombre de las preguntas, que aprendió a tomar en serio todas las cuestiones, por muy absurdas que éstas pudieran parecer.

Nuestros centros de estudio son escuelas de esperanza. Cuando nos reunimos para estudiar, nuestra comunidad es una "santa predicación". En un mundo que ha perdido su confianza en el valor de la razón, dan testimonio de que es posible buscar en común la verdad. Puede tratarse de un seminario de la Universidad sobre un caso de bioética, o de un grupo de agentes pastorales que estudian juntos la Biblia en Latinoamérica. Deberíamos aprender a confiar los unos en los otros como colegas en el diálogo y compañeros en la aventura. La humillación no puede tener cabida en el estudio si estamos dispuestos a animarnos los unos a los otros durante el camino. Nadie puede enseñar, a menos que entienda por propia experiencia el pánico del estudiante al abrir un nuevo libro o al reflexionar sobre una nueva idea. Por eso el maestro no está para llenar la cabeza de los alumnos con hechos, sino para fortalecerlos en su profunda inclinación humana hacia la verdad y acompañarlos en su búsqueda. Tenemos que aprender a ver con nuestros propios ojos y a estar en pie por nosotros mismos. Cuando Lagrange enseñaba en la Escuela Bíblica acostumbraba a decir a sus alumnos: *"Mirad, no debéis decir: el Padre Lagrange dijo esto o lo otro porque tenéis que verlo por vosotros mismos"*[10]. Por encima de todo, el maestro debe dar al estudiante la valentía de cometer errores, de correr el riesgo de equivocarse. El Maestro Eckhart decía que *"apenas se encuentra quien haya llegado a algo bueno si antes no se equivocó de algún modo"*. Ningún niño aprenderá nunca a caminar si antes no se ha caído

10. Bernard Montagnes, *Le Père Lagrange*, París 1995, p. 54.

de bruces varias veces. El niño que tenga miedo seguirá siendo siempre un principiante.

1.2. Destruir los ídolos

Al principio el estudio de los hermanos era esencialmente bíblico, como preparación para el trabajo pastoral, sobre todo para el sacramento de la penitencia. Las primeras obras teológicas de la Orden fueron manuales para la confesión. Pero cuando santo Tomás enseñaba en Santa Sabina a esos principiantes en teología se dio cuenta de que nuestra predicación sólo sería útil para la salvación de las almas si los hermanos recibían una profunda formación filosófica y teológica. Y esto por dos razones. En primer lugar, la cuestión más sencilla requiere frecuentemente el pensamiento más profundo: ¿Somos libres? ¿Cómo podemos preguntar a Dios por las cosas? En segundo lugar, porque, según la tradición bíblica, lo que media entre nosotros y un verdadero culto a Dios no es tanto ateísmo cuanto idolatría. La humanidad tiene tendencia a construir falsos dioses y adorarlos. El éxodo de esa idolatría requiere de nosotros un arduo recorrido de nuestra manera de pensar y de vivir. No basta con sentarse y escuchar la Palabra de Dios. Debemos quebrar el peso de esas falsas imágenes de Dios que nos tienen cautivos y obturan nuestros oídos.

Durante toda su vida santo Tomás se sintió fascinado por la cuestión: ¿Qué es Dios? Como dice Herbert McCabe OP, su santidad está en que se dejó vencer él mismo por esta cuestión. Esta ignorancia radical ocupa un lugar central en la enseñanza del Aquinate, porque nos unimos a Dios *"como a algo desconocido"*[11].

11. *Suma Teológica,* I,12,13 ad 1m. Cf. Caleruega 32. Este texto provocó uno de los debates más apasionantes del Capítulo. ¡Fue interesante ver a los hermanos discutir de teología!

Tenemos que liberarnos de la imagen de Dios como de alguien poderoso e invisible, que manipula los acontecimientos de nuestra vida. Un dios tal sería a fin de cuentas un tirano y un rival de la humanidad, contra el cual no nos quedaría más remedio que rebelarnos. En lugar de esto debemos descubrir a Dios como la fuente inefable de mi ser, el centro de mi libertad. Tenemos que perder a Dios para descubrirlo, como decía san Agustín, *"más cercano a mí que yo mismo"*[12]. Enseñar teología no significa, pues, proporcionar información sino acompañar a los estudiantes cuando afrontan la pérdida de Dios, la desaparición de la persona tan conocida y amada, para descubrirlo como la fuente de todo, que se nos dio a sí mismo en su Hijo. Entonces podremos decir de verdad: *"Bienaventurados los que lloran, porque serán consolados"*. Escribe McCabe: *"Uno de los placeres especiales de la enseñanza en nuestro Estudio consiste en constatar un momento que, más pronto o más tarde, llega a todo estudiante, el momento de su conversión podríamos decir, cuando se da cuenta de que... Dios es nada menos que el origen de todas mis acciones libres, y la razón por la cual son precisamente acciones mías"*[13].

La finalidad última de la disciplina intelectual de nuestro estudio consiste en llevarnos a ese momento de conversión, a la destrucción de nuestras falsas imágenes de Dios para poder acercarnos al misterio. Pero no basta con pensar. La teología dominicana comienza cuando santo Domingo se apeó de su caballo y optó por ser un predicador pobre. La pobreza intelectual de santo Tomás ante el misterio de Dios es inseparable de su opción por una Orden de Predicadores pobres. El teólogo debe ser un mendigo que sabe cómo recibir los dones gratuitos de Dios.

12. *Confesiones*, III, 6.
13. *God Matters*, Londres 1987, p. 241.

En cuanto a nosotros, escuchar la Palabra nos pedirá liberarnos de las falsas ideologías de nuestro tiempo. ¿Cuáles son nuestros falsos dioses? Seguramente que uno de ellos es la idolatría del Estado, ante cuyo altar fueron sacrificadas millones de vidas inocentes durante este siglo; el culto del mercado y el ansia de poder. Escribí ya suficientemente sobre los peligros del consumismo. Todo nuestro mundo está seducido por una mitología: todo puede comprarse y venderse. Todo se transformó en comodidades, todo tiene un precio. El mundo de la naturaleza, la fertilidad de la tierra, la frágil ecología de los bosques, todo ello está en venta. Incluso nosotros mismos, hijos e hijas del Altísimo, estamos puestos en venta en el mercado del trabajo. La revolución industrial fue testigo de la erradicación de comunidades enteras, expulsadas de su tierra y esclavizadas en las nuevas ciudades. La emigración masiva continúa aún en nuestros días. El ejemplo más punzante y escandaloso fue la esclavitud de millones de hermanas y hermanos nuestros en África, transformados en bienes de mercado para importación y exportación. Como se escribió en el Capítulo de Caleruega: *"Ni los hombres ni las mujeres pueden ser tratados como mercancías, ni pueden considerarse sus vidas y su trabajo, su cultura y sus potencialidades para el florecimiento de la sociedad como prendas negociables en el juego de beneficios y pérdidas"* (20,5).

Nuestros centros de estudios deberían ser lugares donde nos liberamos de esta visión reductiva del mundo y donde aprendemos de nuevo a maravillarnos agradecidos por los bienes gratuitos de Dios. Mediante el estudio, intentando comprender las cosas y comprendernos los unos a los otros, recobramos el sentido de admiración ante el milagro de la creación. Escribe Simon Tugwell OP: *"Cuando vamos al fondo de las cosas, llegando hasta su verdadera existencia con nuestra inteligencia, lo que encontramos es el inescrutable misterio del acto creador de Dios... En realidad, conocer algo es encontrarnos a nosotros mismos sumergidos de cabeza en una maravilla que supera la mera* curiosidad" [14]. La verdad nos hace verdaderamente libres. Esta liberación intelectual va de la mano con la libertad real de la pobreza. Como Domingo y Tomás, tenemos que convertirnos en mendicantes que reciben los bienes gratuitos de Dios. El voto de pobreza y la cercanía a los pobres es el contexto dominicano peculiar en el que debemos estudiar.

A liberarnos de esta percepción del mundo nos ayuda el hecho de ser una Orden verdaderamente universal. Hay muchas culturas que no tienen una visión de la realidad basada en el dominio y en el control. Nuestros hermanos y hermanas de África pueden ayudarnos a forjar una teología que se base más en las relaciones mutuas y en la armonía. Y las tradiciones religiosas de Asia pueden sernos también útiles para una teología más contemplativa. Tenemos que estar presentes en esas otras culturas, no sólo para inculturizar el Evangelio allí sino para que ellas puedan ayudarnos a comprender el misterio de la creación y de Dios dador de todo bien.

2. El nacimiento de la comunidad

> *"El ángel le dijo: No temas, María, porque has hallado gracia delante de Dios; vas a concebir en el seno y vas a dar a luz un hijo, a quien pondrás por nombre Jesús" (Lucas 1,30).*

El objetivo de nuestro estudio no consiste simplemente en ofrecer información sino en hacer nacer a Cristo en nuestro mundo. El test de nuestro estudio no

14. *Reflexiones sobre las Bienaventuranzas*, Londres 1979, p. 100.

está tanto en estar bien informados cuanto en ser fértiles. Todo niño recién nacido es una sorpresa, incluso para sus padres. No pueden saber de antemano a quién traen al mundo. De la misma manera, nuestro estudio debería prepararnos para las sorpresas. Cristo viene a nosotros en cada generación de maneras que nunca habríamos previsto y que sólo poco a poco podemos reconocer como auténticas, del mismo modo que la Iglesia necesitó tiempo para aceptar la nueva y chocante teología de santo Tomás. En las montañas de Guatemala, en nuestro centro de reflexión sobre la inculturación AK' KUTAN en Cobán, los hermanos y hermanas intentan ayudar a la Orden a nacer con las riquezas de la cultura indígena. En Takamori, detrás de la montaña Fuji, nuestro hermano Oshida intenta hacer nacer a Cristo en el mundo del Japón, y nuestro hermano Michael Shirres trabajó durante veinte años en Nueva Zelanda para fundir las fértiles semillas de la espiritualidad maorí con la fe cristiana. Puede hacerse teología de múltiples maneras que no son académicas. En Croacia uno de nuestros hermanos dirige una banda de música rock llamada *"Mensajeros de Esperanza"*. En Japón he visto las maravillosas pinturas de nuestros hermanos Petit y Carpentier. Puede ser también el milagroso nacimiento de una comunidad en un pueblo de Haití. ¿Cómo puede nuestra predicación hacer nacer a Cristo entre los drogadictos de Nueva York o en los barrios bajos de Londres? ¿Cómo puede el Verbo hacerse carne en el vocabulario de hoy, tomar cuerpo en el lenguaje de la filosofía y de la psicología, a través de nuestra oración y estudio? El establecimiento de casas de estudio, de óptima calidad teológica, debe ser una prioridad de la Orden precisamente para esta encarnación de la Palabra de Dios en cada cultura.

Quiere decir también que la vida de estudio construye comunidad y, por ello, prepara un hogar para que

Cristo viva entre nosotros. No hay experiencia más cruel de desesperación que la de una soledad absoluta, la de una persona humana introvertida, encerrada en sí misma. El hecho de que nuestra sociedad se vea tan frecuentemente tentada por la desesperación se debe posiblemente a que es ésa la imagen dominante del ser humano en nuestro mundo, el individuo solitario en busca de sus propios deseos y de su propio bien privado. El individualismo radical de nuestro tiempo parece una liberación pero puede sumergirnos en una soledad desesperanzadora. La comunidad nos ofrece una *"ecología de esperanza"*[15]. Solamente juntos podremos atrevernos a esperar en un mundo renovado.

El intelectual puede parecer como el ejemplo perfecto del solitario, a solas con sus libros o su ordenador, y con el letrero "No molestar" en su puerta. Es verdad que el estudio nos exige frecuentemente estar solos y esforzarnos por comprender cuestiones abstractas. Pero es un servicio que ofrecemos a nuestros hermanos y hermanas. El fruto de este trabajo solitario consiste en construir comunidad desvelando los misterios de la Palabra de Dios. Mediante el estudio aprendemos a pertenecer los unos a los otros y, por ello, a esperar.

2.1. La transformación de la mente y del corazón

Se pone, sin embargo, en tela de juicio hasta la imagen exacta de uno mismo como ser completamente solo, como individuo particular aislado. Porque la doctrina de la creación nos muestra que nuestro creador está más íntimamente unido a nosotros que cualquier otro ser, ya que es la fuente perenne de nuestro ser. ¡No podemos estar solos, porque nunca podríamos ni siquiera existir solos!

15. Jonathan Sachs, *Faith in the Future*, London 1995, p. 5.

En la cultura occidental hay una obsesión por el conocimiento de sí mismo. Pero ¿cómo puedo conocerme a mí mismo fuera del único que me mantiene en mi ser? Santa Catalina estaba muy al día cuando invitaba a sus hermanos a entrar en la "celda del conocimiento de sí mismo"; pero este autoconocimiento era inseparable del conocimiento de Dios. *"No podemos ver ni nuestra propia dignidad ni los defectos que afean la hermosura de nuestra alma, a no ser que nos miremos a nosotros mismos en el sosegado océano del ser de Dios a cuya imagen fuimos creados"*[16]. Incluso pueden ser transfigurados en momentos de encuentro ciertos momentos de profunda desesperación, de la noche oscura del alma, cuando tenemos la impresión de estar totalmente abandonados: *"Oh noche que juntaste Amado con amada, amada en el Amado transformada"*[17].

El estudio no puede reducirse a un entrenamiento de la mente; es la transformación del corazón humano. *"Y os daré un corazón nuevo, infundiré en vosotros un espíritu nuevo, quitaré de vuestra carne el corazón de piedra y os daré un corazón de carne"* (Ez 36,26). El primer Capítulo General de la Orden en Bolonia dijo que hay que enseñar a los novicios *"a aplicarse al estudio, de modo que tanto de día como de noche, en casa o de viaje, lean o mediten algo; y en la medida de lo posible deben intentar aprenderlo de memoria"*[18]. Siempre estamos formando nuestro corazón, tanto cuando leemos periódicos o novelas como cuando vemos films o la televisión. Todo lo que leemos y vemos contribuye a formar nuestro corazón. ¿Le damos alimentos sanos? ¿Lo estamos formando en la violencia y trivialidad, dándonos a nosotros mismos un corazón de piedra?

16. Carta 226, *Catherine of Siena, Passion for Truth, Compasion for Humanity*, ed. Mary O'Driscoll OP, Nueva York 1993, p. 26.
17. San Juan de la Cruz, *Canciones del alma, Noche oscura*, 5.
18. Constituciones primitivas 1, 13.

Santa Catalina de Siena dice de santo Tomás que *"con los ojos de su mente contemplaba mi Verdad con gran ternura y con ello ganaba luz más allá de lo natural"* [19]. El estudio nos enseña, pues, la ternura; santo Tomás fue un gran teólogo precisamente porque tenía un corazón bondadoso. Fr. Yves Congar escribió una vez que su enfermedad y parálisis progresivas significaban que estaba dependiendo cada vez más de sus hermanos. No podía hacer nada sin su ayuda. Y decía: *"He comprendido, sobre todo desde que estoy enfermo y necesito constantemente la ayuda de mis hermanos ... que todo lo que prediquemos y digamos, por muy sublime que sea, nada vale si no está avalado por la práctica, por acciones reales y concretas de servicio y de amor. Creo que me faltó un poco esto en mi vida, fui un poco demasiado intelectual"* [20].

Cuando Savonarola habla acerca del entendimiento que tenía santo Domingo de las Escrituras dice que se fundaba en la *carità*, en la caridad. Puesto que las Escrituras están inspiradas por el amor de Dios, sólo la persona que ama puede comprenderlas: *"Y vosotros, hermanos, que queréis comprender las Escrituras y que queréis predicar: aprended la caridad y ella os enseñará. Teniendo caridad las comprenderéis"* [21].

La disciplina del estudio transforma el corazón humano. *"Por su misma continuidad y* dificultad *implica una forma de ascesis"* (LCO 83) que atañe a nuestro progreso en la santidad. Nos brinda la ardua disciplina de permanecer en nuestra celda en silencio, tratando de entender, cuando desearíamos evadirnos. Una de las innovaciones de la Orden consistió en ofrecer a los que

19. Mary O'Driscoll OP, *ibid.*, p. 127.

20. Alocución del P. Congar en agradecimiento a la entrega del premio de la Unidad cristiana, 24 noviembre 1984.

21. *Dalle prediche di fra'Gerolamo Savonarola*, Ed. L. Ferretti, en *Memorie Domenicane XXVII 1910*.

estaban especialmente dedicados al estudio la soledad de una celda individual, pero se trata de una soledad que puede ser ascetismo. Cuando estamos solos, trabajando sobre un texto, pensaríamos en mil razones válidas para dejarlo e irnos a conversar con alguien. ¡Nos convencemos inmediatamente a nosotros mismos de que tenemos el deber de hacerlo y que seguir estudiando sería traicionar nuestra vocación y nuestro deber cristiano! Pero si no resistimos esta soledad y este silencio no podremos ofrecer nada que merezca la pena. En la "Carta al hermano Juan", se nos dice que *"amemos nuestra celda usándola continuamente si queremos ser admitidos en la bodega"*[22]; ¡ésta era evidentemente la idea que un novicio del siglo trece se hacía del paraíso! Mucho estudio es inevitablemente aburrido, por supuesto. Aprender a leer hebreo o griego es duro y tedioso. Y nos preguntamos con frecuencia si merece la pena. Es precisamente un acto de esperanza; este trabajo producirá su fruto de una manera que ahora no podemos ni imaginar.

2.2. El Estudio y la construcción de la Comunidad en la Orden

El estudio no sólo debe abrir nuestro corazón al otro sino introducirnos en una comunidad. Estudiar es entrar en conversación con nuestros propios hermanos y hermanas y con otros seres humanos en nuestra búsqueda de la verdad que nos hará libres. Alberto Magno escribió acerca del placer de buscar juntos la verdad: *"in dulcedine societatis quaerere veritatem"*[23].

Los intelectuales reflejan con frecuencia los valores de nuestra sociedad. Gran parte de la vida académica se

22. *De Modo Studendi.*
23. *In Libr. VIII Politicorum.*

basa en la producción y en la competencia, como si estuviéramos fabricando coches y no buscando la sabiduría. Las universidades pueden ser como fábricas. Los artículos deben llegar al límite señalado de producción y los rivales y enemigos deben ser liquidados. Pero no podremos nunca decir una palabra iluminadora sobre Dios a menos que hagamos teología de una manera diferente, sin competencia y con reverencia. No se puede hacer teología solos. No solamente porque hoy nadie podría dominar todas las disciplinas sino porque la comprensión de la Palabra de Dios es inseparable de la construcción de la comunidad. Gran parte de la preparación del Concilio Vaticano II fue elaborada por una comunidad de frailes de "Le Saulchoir", especialmente Congar, Chenu y Feret, que trabajaron juntos y compartieron sus intuiciones.

Se cuenta una historia de santo Tomás mientras comía a la mesa del Rey de Francia, que de pronto dio un golpe sobre la mesa y gritó: "*¡Se acabó con los maniqueos!*". Esto puede sugerir que no estaba prestando mucha atención a los demás invitados, pero también puede significar que la teología puede ser una lucha. No podemos nunca construir la comunidad a menos que nos atrevamos a discutir unos con otros. Debo acentuar, y muy a menudo, la importancia del debate, de los argumentos y del esfuerzo para llegar a entender. Pero una lucha contra su oponente como Jacob con el ángel, como para pedir una bendición. Uno discute con un oponente porque quiere recibir lo que él o ella pueden darnos. Se lucha para que pueda vencer la verdad. Tenemos que discutir con una especie de humildad. El otro o la otra tienen siempre algo que enseñarnos y luchamos con ellos para recibir ese regalo.

Uno de mis más profundos recuerdos del año que pasé en París se refiere a fr. Marie-Dominique Chenu, el maestro que siempre tenía hambre de aprender de todo aquel que encontraba, ¡incluso de un joven e ignorante dominico inglés! A menudo, ya tarde en la noche, regresaba de alguna reunión con obispos, estudiantes, sindicalistas, artistas, feliz de contarte lo que había aprendido y preguntándote qué habías aprendido tú durante ese día. El verdadero maestro es siempre humilde. Jordán de Sajonia decía que santo Domingo comprendía todo, *"humili cordis intelligentia"*[24], mediante la inteligencia humilde de su corazón. El corazón de carne es humilde, pero el de piedra es impenetrable.

No sólo en los centros de estudios se hace teología. Es también el momento de iluminación, de intuiciones nuevas, cuando la Palabra de Dios se encuentra con nuestra ordinaria experiencia cotidiana en nuestro intento de ser humanos, con nuestros errores y pecados, con nuestro esfuerzo por construir la comunidad humana y hacer un mundo justo. Todo el mundo de la ciencia, de expertos biblistas, de sabios patrólogos, de filósofos y psicólogos, está para ayudar a que esa conversación sea fértil y verdadera. Hay buena teología cuando, por ejemplo, el sabio exégeta de la Escritura ayuda al hermano comprometido en trabajo pastoral a comprender su experiencia, y cuando el hermano con experiencia pastoral ayuda al exégeta a comprender la Palabra de Dios. La recuperación de nuestra tradición teológica exige no sólo que preparemos a más hermanos en las diversas disciplinas sino que hagamos teología juntos. Hasta que no construyamos nuestras Provincias como comunidades teológicas, nuestros estudios pueden resultar estériles y nuestro trabajo pastoral superficial. Una buena parte de la obra de santo Tomás consistió en responder a cuestiones de los hermanos, ¡incluso a algunas tontas de parte del Maestro de la Orden!

24. *Libellus* 7.

¿Dónde hacemos la Teología? Necesitamos grandes facultades teológicas y bibliotecas. Pero también necesitamos centros donde se haga teología en otros contextos, con los que luchan por la justicia, en diálogo con otras religiones, en barriadas pobres y en hospitales. Especialmente en este momento en la vida de la Iglesia, el verdadero estudio implica la construcción de comunidad entre mujeres y hombres. Una teología desarrollada solamente a partir de la experiencia masculina cojeará de una pierna, respirará con un solo pulmón. Por esto necesitamos hoy hacer teología con la Familia Dominicana, escuchando cada uno las intuiciones del otro, haciendo una teología que sea verdaderamente humana. Como dice Dios a santa Catalina de Siena: *"Habría podido hacer a los seres humanos de tal manera que todos lo tuvieran todo, pero preferí dar a cada uno dones diferentes, para que todos tuvieran necesidad de todos"*[25].

Todas las comunidades humanas son vulnerables, corren el riesgo de desaparecer y necesitan refuerzos y reparaciones constantes. Uno de los modos de hacer y rehacer comunidad juntos es a través de las palabras que intercambiamos mutuamente. Como servidores de la Palabra de Dios, deberíamos ser profundamente conscientes de la fuerza de nuestras palabras, fuerza que puede curar o herir, construir o destruir. Dios pronunció una palabra y el mundo comenzó a existir y ahora Dios pronuncia la Palabra que es su Hijo, y somos redimidos. Nuestras palabras participan de esa fuerza. En toda nuestra educación y estudio debería ocupar el lugar central una profunda reverencia por el lenguaje, una sensibilidad sobre lo que decimos a nuestros hermanos y hermanas. Con nuestras palabras podemos ocasionar resurrección o crucifixión y las palabras que

25. *Diálogo*, 7.

pronunciamos se recuerdan frecuentemente, se conservan en el corazón de nuestros hermanos que reflexionan sobre ellas, vuelven a ellas durante años, para bien o para mal. Una palabra puede matar.

Nuestro estudio debería educarnos en la responsabilidad con respecto a las palabras que usamos. Responsabilidad en el sentido de que lo que decimos responda a la verdad, corresponda a la realidad. Pero tenemos también la responsabilidad de decir palabras constructoras de comunidad, que eduquen a los demás, que curen las heridas y den vida. San Pablo escribió, desde la prisión, a los Filipenses, *"Por lo demás, hermanos, todo cuanto hay de verdadero, de noble, de justo, de puro, de amable, de honorable, todo cuanto sea virtud y cosa digna de elogio, todo eso tenedlo en cuenta"* (4,8).

2.3. El Estudio y la construcción de un mundo justo

Nuestro mundo ha sido testigo del triunfo de un único sistema económico. Ha resultado difícil imaginar una alternativa. La tentación de nuestra generación puede ser la de resignarnos ante los sufrimientos e injusticias de este tiempo y cesar de anhelar un mundo nuevo. Pero nosotros, predicadores, debemos ser los guardianes de la esperanza. Se nos ha prometido la libertad de los hijos de Dios y Dios será fiel a su Palabra. En San Sixto hay una pintura de santo Domingo estudiando, con un perro a sus pies que sostiene una antorcha. En el fondo otro dominico echa fuera a un perro con un palo. La inscripción nos dice que Domingo no se oponía al mal con la violencia sino con el estudio. Nuestro estudio nos prepara para proclamar la palabra liberadora. Esto lo hace enseñándonos la compasión, mostrándonos que Dios está presente incluso en medio del sufrimiento y que es ahí donde debemos forjar nuestra teología. Nos ofrece una disciplina intelectual que abre nuestros oídos para escuchar a Dios que nos llama a la libertad.

Felicísimo Martínez OP describió una vez la espiritualidad dominicana como una espiritualidad de *"ojos abiertos"*. Y en el Capítulo General de Caleruega, Chrys McVey comentó: *"Domingo se conmovió hasta las lágrimas –y la acción– por los hambrientos en Palencia, por el mesonero en Tolosa, por la condición inquietante de algunas mujeres en Fanjeaux. Pero esto no basta para explicar sus lágrimas. Estas brotaban de la disciplina de una espiritualidad de ojos abiertos que lo veía todo. La Verdad es el lema de la Orden –no su defensa (como se entendió a menudo), más bien su percepción. Y el tener los ojos abiertos para que no se nos escape nada, puede darnos ganas de llorar"*. Nuestro estudio debería ser una disciplina de veracidad que abra los ojos. Como dice San Pablo: *"Considera lo que está ante tus ojos"* (2Co 10,7).

Es doloroso ver lo que sucede ante nuestros ojos. Es más cómodo tener un corazón de piedra. He estado bastante a menudo en lugares que desearía olvidar, las salas de hospital en Ruanda, donde había jóvenes con miembros amputados, los mendigos en las calles de Calcuta. ¿Cómo puede soportarse la visión de tanta miseria? Una vez más debemos obedecer al mandato de Pablo de constatar la evidencia de nuestros ojos y ver un mundo torturado. Los libros que leemos deben abrir por fuerza nuestro corazón. Franz Kafka escribió: *"Creo que deberíamos leer solamente libros que nos hieran y nos desgarren... necesitamos libros que nos afecten como un desastre, que nos acongojen profundamente, como la muerte de alguien a quien amamos más que a nosotros mismos, como si fuéramos desterrados en un bosque lejos de todos, como un suicidio. Un libro debe ser el hacha del mar helado dentro de nosotros"*[26].

26. *Carta a Oskar Pollak,* 27 de enero 1904.

Pero no basta con limitarnos a ver esos lugares del sufrimiento humano y ser como turistas ante la crucifixión del mundo. Estos son los lugares en los que debe hacerse teología. Es en estos lugares de Calvario donde puede encontrarse a Dios y descubrirse una nueva palabra de esperanza. Pensemos cuánta teología, y de la mejor, ha sido escrita en prisión, desde la carta de san Pablo a los Filipenses y los poemas de san Juan de la Cruz hasta las cartas de Dietrich Bonhoeffer en un campo de concentración nazi. Somos, dijo san Juan de la Cruz, como delfines que se sumergen en la negra oscuridad del mar para emerger en la claridad de la luz. Un campo de refugiados en Goma o una cama en un pabellón de cancerosos son lugares donde puede descubrirse una teología que nos aporte esperanza.

A Dios no se le encuentra solamente en situaciones de extrema angustia. Vicente de Couesnongle escribió: *"No puede haber esperanza sin aire fresco, sin oxígeno o sin una visión nueva. No puede haber esperanza en una atmósfera sofocante"*[27]. Nuestra teología ha sido desde el principio una teología de la ciudad y de las plazas de mercado. Santo Domingo envió a sus frailes a las ciudades, a los lugares de ideas nuevas, donde se experimentaban nuevas organizaciones económicas y la democracia, pero también a lugares donde se reunían los nuevos pobres. ¿Nos atreveremos a dejarnos inquietar por las cuestiones de la ciudad moderna? ¿Qué palabra de esperanza puede ser compartida con los jóvenes que se enfrentan con el desempleo por el resto de sus vidas? ¿Cómo puede descubrirse a Dios en el sufrimiento de una madre soltera o de un emigrante atemorizado? También éstos son lugares de reflexión teológica. ¿Qué tenemos que decir a un mundo que se vuelve estéril por la contaminación ambiental? ¿Nos dejaremos

27. *Presente y futuro de la vida religiosa* (Salamanca, 1982), 80.

interrogar por las cuestiones de los jóvenes y entraremos en los campos minados de problemas morales como los de la ética sexual, o preferimos estar a salvo de todo ello?

Así, pues, debemos atrevernos a ver lo que hay ante nuestros ojos; debemos creer que la teología debe hacerse donde parece estar Dios más lejano y donde los seres humanos están tentados por la desesperación. Y evidentemente, como dominicos, debemos afirmar una tercera exigencia. Nuestras palabras de esperanza solamente tendrán autoridad si están enraizadas en un estudio serio de la Palabra de Dios y en un análisis de nuestra sociedad contemporánea. En 1511 Montesinos predicó su famoso sermón contra la opresión de los indios y lanzó la pregunta: *"Estos, ¿no son hombres? ¿No tienen un alma racional? ¿No estáis obligados a amarlos como a vosotros mismos? ¿No comprendéis esto? ¿No está a vuestro alcance?"*. Montesinos invitaba a sus contemporáneos a que abrieran los ojos y miraran al mundo de manera diferente. Para captar la realidad no basta la compasión. Se necesitaba un estudio arduo para ver a través de las falsas mitologías de los conquistadores, y esa fue la fuente de la actitud profética de Las Casas.

Chenu comentó: *"Es sumamente sugestivo fijar la atención en el encuentro entre la* doctrina *especulativa del primer gran maestro del Derecho Internacional (en el momento en que nacían las naciones y se separaban del Sacro Imperio Romano), y el evangelismo de Las Casas. El teólogo, en Vitoria, envuelve al profeta"*[28]. No basta con indignarse ante las injusticias de este mundo. Nuestras palabras sólo tendrían autoridad si están enraizadas en análisis económicos y políticos serios sobre las causas

28. M-D Chenu, *"Prophètes et Théologiens dans l'Eglise, Parole de Dieu"* en *La Parole de Dieu* II, Paris 1964, p. 211.

de la injusticia. San Antonino se esforzó por resolver los problemas de un nuevo orden económico en la Florencia del Renacimiento, igual que en este siglo Lebret analizó los problemas de la nueva economía. Si queremos resistir a la tentación de los clichés fáciles, necesitaremos hermanos y hermanas formados en análisis científicos, sociales, políticos y económicos.

La construcción de una sociedad justa no requiere sólo una equitativa distribución de la riqueza. Necesitamos construir una sociedad en la que todos podamos desarrollarnos como seres humanos. Nuestro mundo se ha reducido a un desierto por el triunfo del consumismo. La pobreza cultural de esta percepción dominante de la persona humana está haciendo estragos en el mundo entero y *"cuando no hay visiones el pueblo se relaja"* (Prov 29,18)[29]. Hay hambre no sólo de alimentos sino de sentido. Como dijo el Capítulo de Oakland: *"Hablar verazmente es un acto de justicia"* (109). San Basilio Magno dice que si tenemos ropa de más pertenece a los pobres. Uno de los tesoros que poseemos y que nuestros centros de estudios deberían preservar y compartir son la poesía, las historias de nuestro pueblo, la música y la sabiduría tradicional. Todo esto es una riqueza para la construcción de un mundo humano.

Ser profeta no es una excusa para no estudiar las Escrituras. Ponderamos la Palabra de Dios buscando conocer su voluntad más bien que para tener la evidencia de que Dios está de nuestra parte. Es fácil usar las Escrituras como fuente para slogans fáciles, pero el estudio de la Palabra de Dios es la búsqueda de la liberación más profunda que nunca podríamos imaginar. A través de la disciplina del estudio intentamos captar el eco de una voz que nos llama a una libertad inefable, la propia de Dios. Cuando Lagrange se enfrentó a los

29. Cf. el himno nacional de Jamaica.

problemas suscitados por el moderno criticismo histórico citó las palabras de san Jerónimo: *"Sciens et prudens, manum misi in ignem" (A sabiendas y prudentemente, puse mi mano en el fuego)* [30]. Sabiendo que le costaría dolor y sufrimiento, puso la mano en el fuego. La dedicación de Lagrange a las nuevas disciplinas intelectuales de su tiempo fue una real muestra de confianza en que la Palabra de Dios se mostraría como la palabra verdaderamente liberadora, y que necesitamos no tener miedo a pasar por el camino de la duda y de las preguntas. El sometió la Palabra de Dios a rigurosos análisis porque estaba seguro de que se mostraría como la palabra que no puede nunca dominarse. ¿Nos atrevemos nosotros a compartir su valentía? ¿Nos atrevemos a poner la mano en el fuego o preferimos no ser molestados?

3. El don de un futuro

> *"El será grande y será llamado Hijo del Altísimo, y el Señor Dios le dará el trono de David, su padre; reinará sobre la casa de Jacob por los siglos y su reino no tendrá fin. María respondió al ángel: ¿Cómo será esto, puesto que no conozco varón?" (Lucas 1,32-34).*

¿Cómo puede ser esto? ¿Cómo puede una virgen dar a luz un niño? ¿Cómo puede una mujer de esta pequeña e insignificante colonia del Imperio Romano dar a luz al Salvador del mundo? ¿Cómo podría haber sospechado que la historia de ese pueblo contenía una semilla de tan gran futuro? Hace dos mil años pareció que la línea de David había fracasado, pero de manera inesperada se le dio un hijo para sentarse en su trono.

30. *Ibid.*, p. 84.

Muchos de nuestros estudios conciernen al pasado. Estudiamos la historia del pueblo de Israel, la evolución de la Biblia, la historia de la Iglesia, de la Orden e incluso de la filosofía. Aprendemos del pasado. Es fundamental para el estudio tener memoria. Pero no es ella la que nos hace conocer muchos hechos. Estudiamos el pasado para descubrir las semillas de un futuro inimaginable. Igual que una virgen o una estéril queda embarazada así nuestro mundo aparentemente estéril resulta embarazado de posibilidades nunca soñadas: el Reino de Dios.

"La historia hace más que ninguna otra disciplina para liberar la inteligencia de la tiranía de la opinión presente"[31]. La historia nos demuestra que las cosas no tienen que ser lo que son, y esta historia puede abrirnos a un futuro inesperado. Descubrimos, con palabras de Congar, que no hay sólo la Tradición sino una multitud de tradiciones que nos ofrecen riquezas que nunca habíamos soñado. El Concilio Vaticano II significó un nuevo comienzo porque nos volvió a contar el pasado. Nos llevó hacia atrás, antes de las divisiones de la Reforma, antes de la Edad Media, para volver a descubrir el sentido de Iglesia previo a las divisiones de este y oeste. Fue como un memorial que nos liberó para emprender nuevas cosas.

La historia nos introduce en una comunidad más amplia que la actual. Nos damos cuenta de que somos miembros de la comunidad de los santos y de la de nuestros antepasados. También ellos tienen voz en nuestras deliberaciones. Nosotros usamos su testimonio como test de nuestras percepciones y ellos nos invitan a tener una visión más amplia de la que podemos encontrar entre los estrechos límites de nuestro propio tiempo.

31. Owen Chadwick, *Origins*, p. 85.

Volver a contar la historia nos libera no sólo de las opiniones del mundo actual sino también de los "príncipes de este mundo" (1Co 2,8). La historia se cuenta normalmente desde el punto de vista del vencedor, del fuerte, de los que construyen imperios, y la historia que ellos cuentan los reafirma en su poder. Debemos aprender a contar la historia desde otros puntos de vista, desde los pequeños y olvidados, y esta historia nos liberará. Por eso recordar es un acto religioso, el acto religioso primordial de las tradiciones judía y cristiana. Cuando nos reunimos para orar, "recordamos las maravillas que Dios ha hecho" (Sal 105,5).

Finalmente volvemos hacia atrás recordando un pueblo pequeño y aparentemente insignificante, el pueblo de Israel. No contamos la historia desde el punto de vista de los grandes Imperios, de los egipcios o de los asirios, de los persas, de los griegos o de los romanos, sino de un pueblo minúsculo, cuya historia apenas se registraba en los libros de los grandes y poderosos pero llevaba en sí misma el nacimiento del Hijo del Altísimo. Y la historia en la que nos descubrimos a nosotros mismos es finalmente la de una virgen que escucha el mensaje del ángel y de un hombre que fue clavado en una cruz en un mar de cruces, un hombre cuya historia fue un fracaso. Esta es la historia que recordamos en la eucaristía. En esta historia aprendemos a narrar la historia de la humanidad y es una historia que no termina con la cruz.

¿Nos atrevemos a narrar con tanta valentía la historia de la Iglesia e incluso de la Orden? ¿Nos atrevemos a narrar una historia de la Iglesia liberada de todo triunfalismo y arrogancia, que reconoce los momentos de división y de pecado? Ciertamente que la buena nueva, el fundamento de nuestra esperanza, es que Dios ha aceptado como suyo precisamente a este pueblo falible y batallador. Del mismo modo, cuando aprendemos la historia dominicana se nos cuentan las glorias del pasado. ¿Nos atrevemos a contar los fracasos, los conflictos? El anterior archivista de la Orden, Emilio Panella OP, escribió un estudio[32] de lo que las crónicas no dicen y de lo que omiten. Esta historia nos da finalmente más esperanza y confianza desde el momento en que Dios trabaja siempre con *"vasos de barro para que aparezca que la extraordinaria grandeza del poder es de Dios y no viene de nosotros"* (2Co 4,7). Incluso puede conseguir algo mediante nosotros. En el Capítulo General de México nos arriesgamos a recordar el quinto centenario de nuestra llegada a las Américas. Recordamos no solamente las grandes hazañas de nuestros hermanos, de Las Casas y Montesinos, sino también los silencios y fracasos de otros. Pero todos ellos son hermanos nuestros. Por encima de todo recordamos a los que fueron reducidos al silencio, a la extinción. Los recordamos como esperanza de un mundo más justo.

Hay memorias difíciles de soportar, la de Dachau y Auschwitz, la de Hiroshima y el bombardeo de Dresden. Hay acciones tan terribles que nos gustaría más bien olvidar. ¿Qué historia podría narrarse capaz de aguantar todos esos sufrimientos? Pero aún así en Auschwitz el monumento a los caídos dice: *"Oh tierra, no cubras su sangre"*. Quizá solamente osemos recordar y narrar el pasado con fidelidad si recordamos al único que abrazó su muerte, que se entregó a sí mismo a sus traidores, que hizo de su pasión un don y una comunión. Recordando esto nos atrevemos a esperar. Podemos saber que *"a fin de cuentas la historia no miente en manos del verdugo. El muerto puede ser nombrado; el pasado debe ser conocido. En este nombrar y saber hay que encontrar a Dios y en Dios está nuestra posibilidad de un mundo*

32. *Lo que la crónica conventual no cuenta*, en *Memorie Domenicane* 18 (1987), pp. 227-235.

diferente, de una concepción diferente del poder, de una voz para el mudo" [33]. *"Que no queda olvidado el pobre eternamente, no se pierde por siempre la esperanza de los desdichados"* (Sal 9,18).

Santo Domingo caminaba por el campo cantando, no precisamente porque era valiente ni porque era de temperamento alegre. Años de estudio le habían dado un corazón formado para esperar. Estudiemos para poder compartir su alegría.

"History says, *Don't hope*
On this side of the grave:
But then, once in a lifetime
The longed-tidal wave
Of justice can rise up,
And hope and history rhyme.
So hope for a great sea-change
On the far side of revege.
Believe that a further shore
Is reachable from here" [34].

"La historia dice: *No esperes*
desde la parte de acá de la tumba.
Pero después, puede surgir a lo largo de la vida
el tan ansiado oleaje de la justicia,
y la esperanza y la historia formar de nuevo una rima.
Así, pues, espera un cambio grande de mar
desde la otra orilla de la venganza.
Confía en que incluso desde esta parte
puede alcanzarse la otra playa".

33. Rowan Williams, *Open Judgement*, Londres 1994, p. 242.
34. Seamus Heaney, *The Cure at Troy: version of Sophocleses 'Philocpetes*, Londres 1990.

6
Hacia una espiritualidad del gobierno. Libertad y responsabilidad dominicanas

DOMINGO, UN HOMBRE DE LIBERTAD Y GOBIERNO

Domingo nos fascina por su libertad, la de un predicador itinerante pobre, libertad para fundar una Orden distinta de las que existían hasta entonces. Se sintió libre para dispersar la pequeña y frágil comunidad que había reunido en torno a sí mismo y enviarla a las Universidades, libre para aceptar las decisiones de los hermanos reunidos en Capítulo, incluso cuando no estaba de acuerdo con ellas. Era la libertad de una persona compasiva, que se atrevió a ver y a reaccionar.

La Orden floreció siempre que vivió con la libertad de corazón y de espíritu de Domingo. ¿Cómo podemos renovar hoy esta libertad, que es propia y profundamente dominicana? Tiene varias dimensiones: simplicidad de vida, itinerancia, oración. En esta carta quisiera centrarme concretamente en uno de los pilares de nuestra libertad: el buen gobierno. Estoy convencido, después de haber visitado no pocas Provincias de la Orden, de que la libertad dominicana típica se manifiesta en nuestra manera de gobernar. Domingo no nos dejó una espiritualidad contenida en una colección de sermones o de textos teológicos. En lugar de eso hemos heredado, de él y de los primeros hermanos, una forma de gobierno que nos libera para responder con compasión a los que tiene hambre de la Palabra de Dios. Cuando ofrecemos nuestra vida para la predicación del evangelio, tomamos en nuestras manos el libro de la Regla y las Constituciones. La mayor parte de las Constituciones se refieren al gobierno.

Puede parecer sorprendente. En la cultura contemporánea se admite generalmente que el gobierno consiste en controlar, en limitar la libertad de los individuos. Y en efecto, ¡muchos dominicos podrían caer en la tentación de pensar que la libertad consiste en evadirse del control de los superiores entrometidos! Pero nuestra Orden no se divide en "gobernantes" y "gobernados". El gobierno nos capacita más bien para compartir una responsabilidad común a nuestra vida y misión. El gobierno está en la raíz de nuestra fraternidad. Nos forma como hermanos, nos libera en orden a ser "útiles a las almas de los prójimos" [1]. Cuando admitimos a un hermano en la Orden, expresamos nuestra confianza en que va a ser capaz de ocupar su lugar en el gobierno de su comunidad y Provincia, en que contribuirá a nuestras deliberaciones y nos ayudará a llegar a conclusiones fructíferas y a ponerlas en práctica.

Nuestra edad está tentada por el fatalismo, por la creencia de que frente a los problemas de nuestro mundo no podemos hacer nada. Y esta pasividad puede contagiar también a la vida religiosa. Compartimos la libertad de Domingo cuando, movidos por la urgencia de predicar el evangelio, nos atrevemos a tomar decisiones

1. Prólogo de las Constituciones primitivas, en L. GALMÉS, OP y V. T. GÓMEZ, OP (dirs.) *Santo Domingo de Guzmán. Fuentes para su conocimiento*, (Madrid, BAC, 1987), p. 729.

difíciles, bien sea emprender una nueva iniciativa, cerrar una comunidad o sobrellevar un apostolado difícil. Para mantener viva esta libertad es necesario un buen gobierno. Lo contrario a gobierno no es libertad sino parálisis.

En esta carta no intentaré hacer observaciones detalladas sobre la aplicación de las Constituciones. Esto compete a los Capítulos Generales. Quisiera más bien señalar cómo tocan las Constituciones algunos de los aspectos más profundos de nuestra vida religiosa, como son nuestra fraternidad y nuestra misión. No es suficiente aplicar las Constituciones como si fueran simplemente un conjunto de reglas. Tenemos que desarrollar lo que podría llamarse una "espiritualidad del gobierno", que nos ayude a crecer juntos como hermanos y como predicadores.

Estos comentarios se basarán en mi experiencia en el gobierno de los hermanos. Por eso, lo que diré no siempre será aplicable a las otras ramas de la Familia Dominicana. Pero espero que sea útil para nuestras religiosas contemplativas, para las de vida activa y para el laicado, que tienen que hacer frente a retos semejantes.

"La Palabra se hizo carne y puso su Morada entre nosotros, y hemos visto su gloria, gloria que recibe del Padre como Hijo único, lleno de gracia y de verdad" (Juan 1,14). Estas palabras de Juan ayudarán a estructurar estas sencillas reflexiones acerca del gobierno. Puede parecer absurdo elegir un texto tan rico teológicamente como base de una exploración acerca del gobierno. Quiero evidenciar que el reto de un buen gobierno consiste en encarnar en nosotros esa gracia y esa verdad.

1. La Palabra que viene a nosotros está "llena de gracia y de verdad". En la primera sección de la carta se reflexiona sobre el objetivo de todo gobierno, que consiste en hacernos libres para la predicación del evangelio. Todo gobierno en la Orden tiene como finalidad esta misión común.

2. Esta Palabra "puso su morada entre nosotros". En la segunda sección de la carta consideraremos los principios fundamentales del gobierno dominicano. Elemento central de nuestra práctica de gobierno es reunirnos en el Capítulo, participar en los debates, votar y tomar decisiones. Pero esos encuentros no serían más que mera administración en el mejor de los casos, y grupos politizados en el peor, si no forman parte de nuestra acogida cordial de la Palabra de Dios para que establezca su morada entre nosotros. El gobierno tiene que nutrirse de una fraternidad vivida.

3. Esta Palabra de Dios se hizo carne. Finalmente, esta hermosa teoría sobre el gobierno debe hacerse carne en la realidad compleja de nuestras vidas, en nuestros conventos, Provincias y en toda la Orden. En la última sección haré algunos comentarios sobre la relación entre los diferentes niveles de responsabilidad en la Orden.

1. La Palabra se hizo carne "llena de gracia y de verdad". La intención del gobierno dominicano

1.1. Libertad para la misión

En la visión de Santa Catalina el Padre dice de Domingo: "Tomó el oficio de mi Hijo unigénito, el Verbo. Realmente parecía un apóstol en el mundo. Esparcía mis enseñanzas con tanta verdad y luz, que disipaba las tinieblas y hacía que brillara la luz"[2]. Todo gobierno en la Orden tiene como finalidad el nacimiento de la Palabra de Dios, la prolongación de la

2. Catalina de Siena, *Diálogo*, 158, ed. de J. Salvador y Conde, OP (Madrid, BAC, 1980), p. 403.

Encarnación. El test del buen gobierno consiste en ver si está al servicio de la misión. Por eso, ya desde los comienzos de la Orden, el superior tenía la facultad de dispensar de nuestras leyes, "sobre todo en aquello que pueda impedir el estudio, la predicación o la salvación de las almas"[3].

Es fundamental para la vida de los hermanos reunirse en Capítulo, tanto Conventual como Provincial o General, para tomar decisiones sobre nuestras vidas y sobre nuestra misión. Desde los comienzos de la Orden hemos llegado a esas decisiones de manera democrática, mediante un debate que concluye con el voto. Pero lo que hace que este proceso democrático sea verdaderamente dominicano es que no estamos simplemente intentando descubrir la voluntad de la mayoría, sino cuáles son las necesidades de la misión. ¿A qué misión somos enviados? La Constitución Fundamental de la Orden deja bien clara esta conexión entre nuestro gobierno democrático y la respuesta a las necesidades de la misión: "El gobierno comunitario es, por cierto, apropiado para la promoción de la Orden y para su frecuente revisión... Esta constante renovación es necesaria no sólo como exigencia del espíritu de perenne conversión cristiana, sino también como postulado de la vocación propia de la Orden que la impulsa hacia una presencia en el mundo adaptada a cada generación" (VII).

Nuestras instituciones democráticas nos permiten asumir responsabilidades o evadirlas. Somos libres para tomar decisiones que pueden poner nuestra vida al revés, o para instalarnos en la inercia. Tenemos la posibilidad de elegir superiores que pueden atreverse a pedirnos más de lo que pensamos que podemos dar, o de elegir a un hermano que nos dejará en paz. Pero seamos claros en esto: nuestra democracia sólo será

3. Constitución Fundamental, VI.

dominicana cuando nuestro debate y nuestro voto estén encaminados a escuchar la Palabra de Dios que nos llama a seguir el camino del discipulado.

Toda institución puede sentir la tentación de convertir su perpetuación en el fin último. Una compañía que fabrica coches no existe por un deseo compasivo de responder a la necesidad que tiene la humanidad de coches, sino que busca siempre la expansión y el desarrollo de dicha compañía. También nosotros podemos caer en esta tentación, especialmente cuando hablamos de nuestras instituciones con términos tomados del mundo de los negocios: el Provincial y su consejo pueden convertirse en "La administración" y el síndico en "Director de negocios". Podemos referirnos incluso a los hermanos como "el personal". ¿Qué madre, al anunciar el nacimiento de un nuevo hijo, dice que aumentó el personal de la familia? Pero nuestras instituciones existen con otra finalidad, que está fuera de nosotros mismos, y consiste en movilizar a los hermanos para la misión.

En *Vidas de los hermanos* hay un relato de un gran abogado de Vercelli, que corrió hacia Jordán de Sajonia, se postró a sus pies, y todo lo que pudo decir fue: "Soy de Dios". Jordán le contestó: "Puesto que pertenecéis a Dios, nosotros, en su nombre, os consagramos a él" [4]. Todo hermano es un regalo de Dios, pero nos es dado para que podamos devolvérselo, formándolo para la misión y liberándolo para la predicación.

El principio de todo gobierno es la atención, escuchar juntos la Palabra de Dios, abrir nuestros oídos a las necesidades de la gente. En una bendición dominicana del siglo XIII, los hermanos piden al Espíritu Santo: "ilumínanos y danos ojos para ver, oídos para

4. G. DE FRACHET, *Vidas de los hermanos*, X, 4, en L. GALMÉS, OP y V. T. GÓMEZ, OP, *op. cit.*, p. 506.

oír, manos para hacer el trabajo de Dios y boca para predicar la Palabra de salvación, y que el ángel de la paz vele por nosotros y nos conduzca finalmente al Reino, por gracia de Dios"[5]. Cada vez que nos reunimos, tanto en Consejo como en Capítulo, pedimos al Espíritu Santo que nos conceda ojos para ver y oídos para oír, pero lo que vemos y oímos puede muy bien llevarnos a donde no quisiéramos ir. La compasión puede dar un giro total a nuestra vida.

Y si la misión es el fin de todo gobierno, ¿dónde está su principio? Sin duda alguna, está en que "hemos visto su gloria, gloria del Hijo único del Padre". El gobierno es el ejercicio de la responsabilidad, y por eso expresa en el fondo nuestra respuesta a quien nos ha revelado su gloria. La contemplación del Hijo único es la raíz de toda misión y, por tanto, el origen de todo gobierno. Fuera de esta calma no hay movimiento. Todo gobierno nos lleva de la contemplación a la misión. Sin ello nos limitamos a practicar una mera administración.

1.2. La tarea del gobierno es la misión común

"La Palabra se hizo carne y puso su morada entre nosotros". La Palabra de salvación nos reúne en comunión, con la Trinidad y entre nosotros. En esta Palabra encontramos nuestra verdadera libertad, que es la libertad para pertenecernos los unos a los otros en gracia y verdad. La buena nueva que predicamos consiste en que podemos establecer nuestra morada en el Dios Trino.

Si la predicación del evangelio es un llamamiento a la comunión, el predicador no puede ser nunca una persona solitaria, comprometido solamente en su propia misión. Toda nuestra predicación es un compartir

5. *Early Dominicans Selected Writings*, de. S. Tugwell, OP, (Nueva York, 1982), p. 153.

una tarea común, una invitación a pertenecer a la misma casa común. Puesto que la finalidad del gobierno en la Orden es la misión de predicar, su reto principal está en reunir a los hermanos en la misión común, misión de la Orden y de la Iglesia. Los discípulos no fueron enviados en solitario.

Nada paraliza tanto el buen gobierno como el individualismo por el que un hermano puede llegar a estar tan apegado a "mi proyecto", a "mi apostolado", que deja de estar disponible para la misión común de la Orden. La privatización de la predicación no sólo hace difícil desarrollar y mantener proyectos comunes. Hablando de manera más radical, puede ofrecer una falsa imagen de la salvación a la que estamos llamados, o sea, a la unidad en gracia y verdad. En el fondo es rendirse ante una falsa imagen de lo que significa ser verdaderamente humanos, es decir, el individuo solitario cuya libertad consistiría en la autodeterminación, liberado de la interferencia de otros.

Uno de los principales retos del gobierno es negarse a que la misión común de la Orden se vea paralizada por tal individualismo. La libertad de Domingo, que creemos que es tan característica en la Orden, no es la libertad para realizar en solitario nuestra propia tarea, libres de la intervención de los superiores. Es la libertad de darnos a los demás sin reservas, con la loca generosidad de la Palabra hecha carne.

Hay formas de predicar el evangelio que no son fácilmente compartibles. Por ejemplo, un hermano o hermana que predican mediante la poesía, la pintura o incluso la investigación, tienen que trabajar frecuentemente en solitario. Pero aún así deben mostrar que no están precisamente "haciendo sus propios asuntos" sino que también ellos están contribuyendo a la misión común. La Orden está más viva cuando aprovecha el dinamismo de los hermanos. Lo más liberador que puede hacer algunas veces el superior es mandar a un hermano que se dedique a lo que en lo más profundo de sí mismo quiere y es capaz de hacer. La misión común puede pedirnos, a veces, que aceptemos tareas que nunca hubiéramos elegido nosotros mismos, que abandonemos un apostolado que no era muy querido en pro del bien común. No solamente necesitamos predicadores y pastores, sino síndicos y secretarios, superiores y administradores. También esto forma parte de la predicación de esta Palabra que nos reúne en comunidad.

2. "La Palabra se hizo carne y puso su Morada entre nosotros". Los principios básicos del gobierno dominicano

Las Constituciones nos dicen que "lo primero para lo que nos congregamos en comunidad es para vivir unánimes en casa, teniendo una sola alma y un solo corazón en Dios" (LCO 2, I). Puede parecer que esto contradice la finalidad principal de la Orden, es decir, ser enviados para predicar la Palabra de Dios. De hecho la vida dominicana estuvo siempre marcada por una saludable y necesaria tensión. Debemos vivir juntos la gracia y la verdad por las que somos enviados a predicar; de otro modo no tendremos nada que decir. La misión común que compartimos está fundada en la vida común que vivimos.

Esta misma tensión se encuentra en nuestro gobierno. Porque si bien es verdad que la finalidad de todo gobierno es liberar a los hermanos para la predicación, no lo es menos que éste se basa en nuestra fraternidad. Nuestra democracia fracasará si no intentamos vivir juntos en unidad de mente y corazón. En la visión de Santa Catalina, el Padre le dice que "en la navecilla de

Domingo se hallan juntos perfectos e imperfectos"[6]. La Orden es una casa para pecadores. Y esto significa que para conseguir un buen gobierno no siempre basta con aplicar las Constituciones sin más, reunir Capítulos, votar y tomar decisiones. T. S. Eliot habla de la gente que "sueña con sistemas tan perfectos que nadie necesitará ser bueno"[7]. En el fondo, nuestro sistema de gobierno se basa en la búsqueda de la virtud. La carne tiene que convertirse en palabra y comunión, y el variado grupo de individuos que somos nosotros debe tornarse comunidad.

2.1. Poder, autoridad y responsabilidad

Para que haya un buen gobierno tenemos que vivir honestamente nuestras relaciones de poder, autoridad y responsabilidad. Puede parecer raro que no incluya una sección sobre la obediencia. Pero de hecho ya escribí ampliamente sobre ella en mi Carta a la Orden "Entregados a la misión". ¡Esta carta será ya muy larga sin tener que repetir lo que escribí en otra parte! Además, todo lo que escribo en esta carta acerca del gobierno es un comentario de las implicaciones de nuestro voto de obediencia, mediante el cual nos entregamos incondicionalmente a la misión común de la Orden.

Poder

Nuestra vida común nos confronta inevitablemente con la cuestión del poder. Generalmente no nos gusta hablar del poder, a no ser que pensemos que se abusa de él. La palabra parece casi inapropiada para expresar la

6. CATALINA DE SIENA, *Diálogo*, 158, *op. cit.* p. 404.
7. *Coro de "The Rock"*, 1934, VI.

relación de fraternidad que nos une. Pero toda comunidad humana está marcada por relaciones de poder, y las comunidades dominicanas no están exentas de ello. Cuando hacemos nuestra profesión nos ponemos en las manos de los hermanos. Nuestros hermanos tomarán decisiones sobre nuestras vidas que quizá no nos agraden e incluso podremos pensar que son injustas. Podemos ser asignados a lugares a los que no queremos ir, o ser elegidos para puestos de responsabilidad que no queremos asumir.

Todo hermano tiene poder, por lo que dice o no dice, por lo que hace o no hace. Todas las cuestiones que trataremos en esta carta –la democracia del Capítulo, las votaciones, la relación entre los diferentes niveles de gobierno en la Orden– exploran aspectos del poder que todos tenemos en nuestras relaciones con los demás. Y si nuestra predicación debe tener fuerza, tenemos que vivir esas relaciones de poder abierta y sanamente, de acuerdo con el evangelio.

La vida de Jesús manifiesta una relación paradójica con el poder. Fue hombre de palabras poderosas, que invitaba a los discípulos a seguirlo, que curaba a los enfermos, expulsaba a los demonios, resucitaba a los muertos y se atrevía a enfrentarse con las autoridades de su tiempo. Pero aún así era el hombre impotente que rechazaba la protección de la espada de Pedro y que fue colgado en una cruz.

En este hombre fuerte y vulnerable, el poder actuaba siempre curando y vivificando. Nunca derribó, oscureció, empequeñeció o destruyó. No se trataba de ejercer un poder sobre el pueblo sino más bien de un poder que él mismo les daba. En efecto, era el más poderoso precisamente negándose a ser cauce de violencia, soportándola en su cuerpo y permitiendo que se acabara con él. Tomó en sus propias manos su pasión y su muerte y la hizo fructuosa, don, eucaristía.

En nuestras comunidades el buen gobierno exige que vivamos en este sentido las relaciones de poder, dándoselo a nuestros hermanos en vez de minarlos. Esto nos pide la valentía de ser vulnerables. Josef Pieper escribió: "La fortaleza supone vulnerabilidad; sin vulnerabilidad no se daría ni la posibilidad misma de la fortaleza. En la medida en que no es vulnerable, está vedado al ángel participar de esta virtud. Ser fuerte o valiente no significa sino esto: poder recibir una herida. Si el hombre puede ser fuerte, es porque es esencialmente vulnerable"[8]. Nuestro gobierno nos invita a vivir esta audaz vulnerabilidad.

Autoridad

Todo gobierno depende del ejercicio de la autoridad. El hecho de que la suprema autoridad de la Orden sea el Capítulo General es un reconocimiento de que para nosotros la autoridad se concede a todos los hermanos. La sucesión de nuestros Capítulos Generales, de Definidores y de Provinciales, indica que para nosotros la autoridad es polifacética. Los superiores gozan de autoridad en virtud de su cargo; los teólogos y pensadores, en virtud de su conocimiento; los hermanos comprometidos en apostolados pastorales, en virtud de su contacto con la gente que se esfuerza por vivir la fe; los hermanos mayores, a causa de su experiencia; a los hermanos jóvenes la autoridad les viene de su conocimiento del mundo contemporáneo con sus problemas.

El gobierno funciona bien cuando reconocemos y respetamos la autoridad que tiene cada hermano y rehusamos tomar como absoluta cualquier forma de autoridad única. Si hiciéramos absoluta la autoridad

8. J. PIEPER, *Las virtudes fundamentales*, (Madrid, Rialp, 1980), p. 184.

de los superiores, la Orden dejaría de ser una fraternidad; si aceptáramos como absoluta la autoridad de los pensadores, seríamos una institución académica bien rara; si lo hiciéramos con los pastores, traicionaríamos la misión en la Iglesia; si aceptáramos como indiscutible la autoridad de los ancianos, no tendríamos futuro; si diéramos autoridad sólo a los jóvenes no tendríamos raíces. La salud del buen gobierno depende de que permitamos la interacción de todas las voces para construir nuestra comunidad.

Además, formamos parte de la Familia Dominicana. Esto significa que también estamos llamados a escuchar la voz de nuestras monjas, hermanas y laicos. También estos tres grupos deben tener autoridad en nuestras deliberaciones. Las monjas tienen una autoridad que deriva de sus vidas dedicadas a la contemplación; nuestras hermanas tienen una autoridad que proviene de sus vidas como mujeres con una amplia variedad de experiencias pastorales. Frecuentemente pueden enseñarnos mucho gracias a su cercanía al pueblo de Dios, especialmente a los pobres. Va habiendo además cada vez más hermanas con una formación teológica que tienen mucho que enseñarnos. Los laicos tienen una autoridad a causa de sus diferentes experiencias, conocimientos y a veces debido a su matrimonio, paternidad y maternidad. Parte de lo que ofrecemos a la Iglesia está en que somos una comunidad en la que cada una de esas autoridades debería ser reconocida.

Responsabilidad

Todo gobierno es ejercicio de nuestra responsabilidad compartida en pro de la vida y misión de la Orden. Su fundamento es la confianza que debemos tener los unos en los otros. Cuando Santo Domingo envió a los jóvenes hermanos a predicar, los cistercienses se escandalizaban de la confianza que ponía en ellos. Pero él les replicó: "Lo sé, estoy seguro que de mis jóvenes saldrán y volverán, serán enviados y regresarán; pero los vuestros estarán encerrados y aún así se marcharán" [9].

La finalidad de toda nuestra formación consiste en formar hermanos libres y responsables, y por eso las Constituciones dicen que el candidato es el primer responsable de su propia formación (LCO 156). Nuestro gobierno se basa en la confianza en los hermanos. Demostramos nuestra confianza aceptando a un hermano a la profesión; y esta misma confianza existe cuando se elige a los superiores. También estos deben confiar en los hermanos a los que encomendaron puestos de responsabilidad. A veces quedaremos defraudados, pero esto no es razón para renunciar a esta confianza fundamental mutua. Como escribió Simon Tugwell, "si los dominicos quieren hacer su trabajo correctamente tienen que exponerse en última instancia a ciertos riesgos y hay que confiar en ellos para que puedan afrontarlos, y la Orden en su conjunto tiene que aceptar que algunos, quizá muchos, abusen de esta confianza" [10].

Esta confianza pide que se supere el miedo, ¡miedo de lo que pueda suceder si no se controla a los hermanos! Debemos formarlos para vivir con la libertad de Domingo. Como decía Felicísimo Martínez, OP: "El mayor servicio que se puede prestar a una persona es educarla para la libertad... El miedo a la libertad puede estar inspirado por la buena voluntad de quienes se sienten responsables del pueblo y puede ser legitimada con la apelación al realismo. Pero no por eso deja de ser síntoma de una falta de fe en el vigor y en la fuerza de

9. *A Dominican...*, *op. cit.* p. 91.
10. *Dominican Ashram* Dic. 1983, *"Dominican Risks"*, p. 187.

la experiencia cristiana. El miedo y la falta de fe siempre andan juntos" [11].

El miedo destruye todo buen gobierno. Santa Catalina escribió al Papa Gregorio XI: "Deseo veros sin temor servil alguno. Pienso que el hombre con temor empequeñece la fuerza de sus santos propósitos y buenos deseos... ¡Ánimo varonil, Padre!; que yo os aseguro que no hay que temer" [12]. El miedo es servil, y por tanto es incompatible con nuestro status de hijos de Dios, y de hermanos y hermanas los unos de los otros. Es impropio sobre todo en un superior, que está llamado a ayudar a sus hermanos a crecer en confianza y audacia.

Pero esta confianza que tenemos los unos en los otros no es una excusa para la mutua negligencia. Porque el hecho de tener confianza en mi hermano no significa que puedo olvidarlo y dejarle sencillamente que haga su vida. Si el buen gobierno nos da una responsabilidad compartida, quiere decir que está enraizado en la responsabilidad mutua y que estamos llamados a ser responsables los unos de los otros. Cuando hacemos la profesión ponemos nuestras manos en las de un hermano. Es un gesto de vulnerabilidad y de ternura extraordinario. Entregamos nuestra vida a los hermanos, y no sabemos lo que harán con ella. Estamos los unos en las manos de los otros.

En *Vidas de los hermanos* leemos que un tal Teobaldo pasaba un momento difícil en su vocación. "Todas las cosas que sentía y hacía le parecían otras tantas muertes" [13]. Había entrado en la Orden siendo un hombre agradable y tranquilo, pero había llegado

11. F. MARTÍNEZ, OP, *Caminos de liberación y de vida. La moral cristiana entre la pureza y el don*, (Bilbao, Desclée de Brouwer, 1989), p. 187.

12. *Carta 233*, en J. SALVADOR Y CONDE, OP, *Epistolario de Santa Catalina de Siena* (Salamanca, San Esteban, 1982), II, p. 836.

13. G. DE FRACHET, *op. cit.*, III, vi, p. 445.

a tener tan mal genio que llegó incluso a golpear al superior con el Salterio. ¡Es una experiencia que todos hemos tenido! Aunque pudiéramos pensar que Teobaldo no debería nunca haber sido aceptado en la Orden, Jordán de Sajonia se negó a dejarle solo y rezó con él hasta que se curó interiormente. Al aceptar a un hermano en la profesión nos hacemos responsables de su felicidad y florecimiento. Su vocación es algo que concierne a todos.

¿Luchamos siempre para salvar la vocación de nuestro hermano? ¿Miramos hacia otro lado cuando un hermano está atravesando un periodo de crisis? ¿Pensamos que el hecho de respetar su intimidad puede justificar nuestra negligencia? ¿Nos asusta oír las dudas que puede confiarnos en un diálogo con nosotros? ¡Confío en que mis hermanos me ayudarán si alguna vez se me ocurre golpear al subprior con el breviario! Pero además debo tener la confianza de compartir con mis hermanos, en tiempo de crisis, esperando en su comprensión y misericordia.

Como predicadores de la Palabra hecha carne somos especialmente responsables de lo que decimos. La Palabra debe convertirse en carne sobre todo con palabras "de gracia y de verdad". Las Constituciones primitivas ordenan que el Maestro debe enseñar a los novicios a "no hablar de los ausentes sino cosas buenas" (I, 13). No se trata de remilgos piadosos para huir de lo que son en realidad nuestros hermanos. Es más bien una invitación a decir palabras de "gracia", es un reconocimiento del poder que tienen nuestras palabras para herir, destruir, perturbar o minar a nuestros hermanos.

Es también el gran reto de aprender a decir palabras de "verdad". Es fundamental en nuestra democracia que nos atrevamos a hablarnos mutuamente con veracidad, que nos arriesguemos a hablar de las tensiones y conflictos que vulneran la vida común y que impiden la misión común. Si alguna vez lo hacemos, es normalmente con cualquiera menos con el hermano interesado. Si nos molesta la conducta de nuestro hermano, debemos decidirnos a hablarle sinceramente, con dulzura y fraternidad. El Capítulo no es siempre el primer lugar para hacerlo. Debemos atrevernos a llamar a su puerta y hablar a solas con él (cfr. Mt 18,15). Debemos tomarnos el tiempo necesario para hablar los unos con los otros, especialmente con aquellos de los que estamos más distanciados. La comunicación en el Capítulo dependerá de un vasto trabajo de comunicación fuera de él. Si hacemos este esfuerzo, habremos fortalecido la fraternidad entre nosotros para poder tratar juntos las cuestiones difíciles. Podremos entonces tener debates abiertos sobre nuestra vida común, sobre nuestros fallos y la manera de progresar, que era la finalidad del antiguo Capítulo de culpas. El Capítulo General de Caleruega (43,2) hace unas recomendaciones excelentes sobre cómo podemos hacerlo hoy.

Uno de los signos de que se confía en los hermanos es cuando estamos dispuestos a elegirlos para puestos de responsabilidad, ¡incluso cuando son jóvenes e inexpertos! Jordán fue elegido Provincial de Lombardía cuando llevaba poco más de un año en la Orden, y Maestro cuando llevaba dos. ¡Qué signo tan extraordinario de confianza en un hombre que hoy ni siquiera habría hecho profesión solemne! A veces encontramos en la Orden religiosos ancianos apegados a la responsabilidad, y quizá por miedo a lo que los jóvenes puedan hacer y a dónde puedan llevarnos. Y de todas formas, muchas veces esos "jóvenes" no son tan jóvenes, algunos tienen edad suficiente para ser padres de familia o para ocupar puestos importantes en el mundo laico. ¡Incluso a veces no son mucho más jóvenes que yo! Pero nuestra formación y modo de gobierno deberían invitarnos a confiar nuestras vidas a hermanos que no sabemos a dónde nos conducirían. En la profesión, un hermano puede que ponga sus manos sobre las nuestras. Pero aceptarlo como hermano con voz y voto, significa que también nosotros hemos puesto nuestras manos sobre las suyas.

2.2. Democracia

Cuando en una entrevista para la televisión francesa me preguntaron cuál era el elemento central de nuestra espiritualidad, me quedé tan sorprendido como el entrevistador al responder: "la democracia". Y verdaderamente es central para nuestras vidas. Ser hermano significa tener voz y voto. Mas no tenemos voto como grupos de individuos privados, que buscan simplemente llegar a un acuerdo pero que dejan a cada persona con la mayor libertad posible. Nuestra democracia debería expresar nuestra fraternidad. Es una expresión de nuestra unidad en Cristo, un solo cuerpo.

Para nosotros la democracia es algo más que votar para descubrir la voluntad de la mayoría. Implica también descubrir la voluntad de Dios. Nuestra atención al hermano es una expresión de esa obediencia al Padre. Esta atención pide inteligencia. Pero desafortunadamente Dios no siempre habla claramente a través de mi hermano. ¡Incluso a veces lo que éste dice es completamente falso! Pero en el corazón mismo de la democracia está la convicción de que, aun cuando lo que dice es estúpido o erróneo, hay siempre una pizca de verdad que espera ser rescatada. De todas formas, por mucho que esté en desacuerdo con él, siempre puede enseñarme algo. Aprender a escuchar. He aquí un ejercicio de imaginación e inteligencia. Debo atreverme a dudar de mi propia postura, a abrirme a las cuestiones de otro, a hacerme vulnerable ante sus dudas. Es un acto de caridad, que nace de la pasión por la verdad. Y ciertamente es la mejor preparación para ser predicador de "la gracia y la verdad".

En el sermón de apertura del Capítulo de la Provincia de Inglaterra en 1996 Fergus Kerr, OP, decía:

"Si hay algo que deberíamos lograr hacer en el Capítulo es demostrar esta obligación de buscar la verdad, de escuchar en qué podemos estar de acuerdo y en qué podemos no estarlo, salvar lo que hay de verdad en lo que otros piensan... A medida que llevo más tiempo en la Orden, lo que aprecio cada vez más... es la *manera de pensar*, de contar con que otros pueden tener puntos de vista con los que podemos no estar de acuerdo, esperando también ser capaces de comprender por qué creen en lo que hacen, con tal de que tengamos imaginación, valentía, fe en el valor definitivo de la verdad, caridad para escuchar lo que otros dicen, para oír especialmente de qué tienen miedo cuando parecen reacios a aceptar lo que queremos que vean: hay muchas maneras de encontrar la verdad, pero ésta es una que espero que la Orden de Predicadores intente practicar siempre" [14].

Esta amada democracia pide tiempo. El tiempo que nos debemos los unos a los otros. Puede resultar pesado. Habrá pocos que encuentren las reuniones tan aburridas como yo. No son eficaces. No creo que seamos nunca una de las Órdenes más eficientes en la Iglesia, y sería erróneo que intentásemos serlo. Gracias a Dios que hay Órdenes Religiosas más eficaces que la nuestra. Gracias a Dios que no intentamos emularlas. Una cierta eficacia es necesaria si no queremos perder nuestra libertad paralizándonos. Pero si hacemos de la eficacia nuestra finalidad, entonces podemos minar esa libertad que es nuestro don en la Iglesia. Nuestra tradición de dar a cada hermano voz y voto no es siempre la más eficaz

14. Actas del Capítulo Provincial de la Provincia de Inglaterra, (25 de abril 1996), p. 13.

para llegar a las mejores decisiones, pero es un testimonio de los valores evangélicos que ofrecemos a la Iglesia y que la Iglesia necesita ahora más que nunca.

2.3. La votación

La finalidad del diálogo en nuestros Capítulos consiste en lograr que la comunidad llegue a una unanimidad. Pero esto no siempre es posible. En este caso debemos llegar a una decisión mediante un voto. Una de las responsabilidades más delicadas de un superior es juzgar cuándo hay que emitir un voto. Debe llevar a los hermanos a la mayor unanimidad posible, sin esperar demasiado hasta el punto que una comunidad quede paralizada por la indecisión.

Cuando votamos no se trata de ganar. Votar en un Capítulo es completamente diferente a votar en un parlamento o senado. El voto, como el debate, forma parte del proceso por el cual intentamos discernir lo que pide el "bien común". La finalidad de la votación no está en decidir si triunfará mi voluntad o la de los demás hermanos, sino en descubrir qué exige la construcción de la comunidad y la misión de la Orden.

En nuestra tradición, el voto no significa contienda entre grupos sino que es consecuencia de haber estado atentos a lo que **todos** los hermanos dijeron. En la medida de lo posible, y sin traicionar ninguna convicción fundamental, deberíamos procurar votar propuestas que reflejen las preocupaciones, temores y esperanzas de todos los hermanos, no solamente de la mayoría. Actuar de otro modo significa que yo puedo "ganar", pero la comunidad perdería. En política el voto expresa la lealtad a un partido. Para nosotros el voto significa lo que somos, hermanos consagrados a la misión común de la Orden.

De esto se sigue que el resultado de una votación es la decisión de la comunidad, y no solamente de los que votaron en su favor. Es la comunidad la que llegó a una decisión. Soy muy libre de estar en desacuerdo con el resultado, e incluso de hacer campaña para que se cambie, pero expreso mi identidad como miembro de la comunidad cumpliendo la decisión. Confiar en la simple mayoría del voto fue una innovación profunda de la tradición dominicana[15]. Antiguamente la elección de un superior se hacía o por consenso o por decisión de los hermanos "más prudentes". Se consideraba demasiado arriesgado confiar en la mayoría. Pero para nosotros, en la actualidad, es expresión de nuestra confianza en los hermanos.

Y nunca es tan arriesgado como en la elección de los superiores. Es natural que se hable entre los que piensan del mismo modo sobre quién podría ser un buen superior, pero sería contrario a la naturaleza de nuestra democracia que un hermano sea presentado como "candidato" de un grupo. Por consiguiente, dudo mucho que sea apropiado acercarse a un hermano previamente para preguntarle si está dispuesto a "presentarse" como candidato. Ayuda mucho, por supuesto, saber si un hermano aceptaría o rechazaría la elección, pero existe el peligro de que sea considerado como el candidato de un grupo y de aceptar la elección como representante de ese grupo. Además pocos hermanos que podrían ser buenos superiores querrán ser candidatos, aunque probablemente aceptasen la elección como acto de obediencia a sus hermanos. Buscar candidatos que expresen su disponibilidad para ser superiores puede llevarnos a no elegir a los hermanos más idóneos para ese cargo.

Se elige a un superior para servir a los hermanos, por el bien común de la Orden. Su elección es el resultado de un voto que "nosotros" hemos hecho, independientemente de a quién hayamos votado. Y una vez que

15. *A Dominican...*, op. cit., p. 182.

es elegido necesita el apoyo de toda la comunidad, porque nosotros le hemos elegido independientemente de a quién voté yo en concreto. Hemos pedido la guía del Espíritu Santo antes de votar, y debemos creer que esa guía nos fue dada.

Una de las responsabilidades más importantes que nuestra democracia puede pedirnos es el voto para admitir candidatos a la Orden y para la profesión de nuestros hermanos. Es una bella expresión de nuestra común responsabilidad. Aquí nuestro voto tiene el sentido de búsqueda de la verdad, como parte de un proceso de discernimiento para ver si el hermano está llamado por Dios a compartir nuestra vida. No puede ser nunca expresión de grupos políticos, ni de nuestra personal simpatía o antipatía hacia él. El voto tiene que ser expresión de la verdadera caridad, buscando discernir lo que sea mejor para el hermano. Si lo hacemos así, el hermano que no es admitido a la profesión no se sentirá rechazado sino que entenderá que le hemos ayudado a discernir cuál es en efecto la voluntad de Dios con respecto a él. Si nuestro voto manifiesta luchas de poder dentro de la comunidad, contiendas ideológicas, amistades e enemistades, entonces habremos traicionado la profunda responsabilidad que nos incumbía. Esto invitará a los que están en formación a disimular su verdadero yo y formará hermanos incompetentes para gobernar a su vez.

3. "La Palabra se hizo carne". Niveles del gobierno dominicano

3.1. Asumir la responsabilidad

La Palabra que proclamamos no es un palabra abstracta, porque se hizo carne y sangre. Lo que predicamos no es una teoría de la salvación sino la gracia que se encarnó en la vida, muerte y resurrección de un hombre hace unos dos mil años. Igual debe suceder con nosotros, no basta con tener una bella teoría sobre la responsabilidad. Tenemos que vivirla. Tenemos unas estructuras democráticas maravillosas que nos proporcionan libertad, pero es una libertad que debemos asumir.

Durante mis visitas canónicas a las Provincias me convencí de que uno de los grandes problemas que afrontamos es responder real y responsablemente a los retos de hoy. A veces adolecemos de lo que llamé a menudo "el misterio del eclipse de la responsabilidad" [16]. ¿Cómo es que nosotros, para quienes la responsabilidad es capital, la dejamos tan frecuentemente escapar entre los dedos? Nuestros Capítulos Generales y Provinciales son, normalmente, momentos de verdad, cuando consideramos honradamente lo que hay que hacer y cómo debemos hacerlo. Se toman grandes decisiones, se escriben textos maravillosos. Pero a veces, habiéndolo visto y analizado todo tan claramente, nos parecemos a aquél que "contempla su imagen en un espejo: se contempla, pero, en yéndose, se olvida de cómo es" (St 1,23).

Una de las razones por las que huimos de la responsabilidad es que, aunque estamos llamados a la libertad, la libertad asusta y la responsabilidad es onerosa, por lo que es tentador escapar de ella. Tenemos varios niveles de responsabilidad en la Orden, y frecuentemente nos atrae imaginar que es en otro nivel donde debe ejercerse. "Hay que hacer algo", pero generalmente es otro quien debe hacerlo, el superior o el Capítulo, ¡e incluso el Maestro de la Orden! "La Provincia tiene que actuar", pero ¿qué es la Provincia sino

16. Cfr. T. Radcliffe, OP, *Entregados a la misión*. Cf. *supra*, pp. 80ss.

nosotros mismos? Si queremos ser de verdad los herederos de la libertad de Domingo tenemos que reconocer nuestra propia responsabilidad y asumirla. Tenemos que articular la relación entre los diferentes niveles de gobierno en la Orden.

Las Constituciones dicen que en nuestro gobierno "sobresale la participación orgánica y proporcionada de todas las partes", y que la autoridad universal de su cabeza "es participada proporcionalmente por las Provincias y por los conventos con la correspondiente autonomía" (LCO I, VII). Y si nuestro gobierno debe ser, en efecto, "orgánico y proporcionado" reconociendo la propia autonomía de cada hermano, convento y Provincia, entonces tenemos que aclarar la relación entre los diferentes niveles de gobierno en la Orden. No me gusta la palabra "niveles" pero no se me ha ocurrido otra mejor.

La relación entre los diferentes niveles de responsabilidad en la Orden se articula, al menos, en tres principios fundamentales.

a) Itinerancia

Ningún hermano es o debería ser superior por un tiempo demasiado largo. El número de mandatos durante los que un hermano puede servir como Prior o Provincial, sin tener que pedir la postulación, tiene un límite. En la Orden no hay abades vitalicios. No debería haber una casta de superiores, porque el gobierno es una responsabilidad compartida por todos los hermanos. Si somos elegidos como superiores, es un servicio que debemos prestar. Pero en la Orden de los Hermanos Predicadores no hay una carrera, una promoción.

b) Debemos confirmarnos mutuamente

No se puede competir por el poder de responsabilidad, ni para tomarlo ni para huir de él. Debemos apoyarnos mutuamente. Una de las principales responsabilidades del Prior está en confirmar a sus hermanos [17]. Confiar en su capacidad de hacer más de lo que nunca hubieran imaginado, y sostenerlos cuando adoptan una actitud fuerte en alguna cuestión. Cuando Montesinos predicó su famoso sermón sobre los derechos de los indios, su Prior, Pedro de Córdoba, le defendió diciendo que había sido la comunidad entera la que había predicado ese sermón. Todo hermano es un don dado a la comunidad y el Prior tiene la obligación de acogerlo y de valorar los talentos de los hermanos que Dios nos dio.

Pero esta relación es recíproca. Cada hermano, a su vez, tiene una especial responsabilidad para con el hermano que nosotros mismos hemos elegido. Una de las maneras de afirmar los valores de un hermano es elegirlo como superior. Habiendo colocado un peso sobre sus espaldas, tenemos la obligación de apoyarlo, atenderlo y alentarlo. Si falla, necesita nuestra indulgencia. Si tenemos un superior que es ineficiente o que carece de visión, es el superior que nosotros hemos elegido. No le critiquemos por defectos que conocíamos cuando la comunidad lo eligió. En vez de cargarlo con su fracaso, debemos ayudarle a hacer todo lo que pueda.

El Señor nos dice a todos nosotros lo que dijo a Pedro: "Confirma a tus hermanos" (Lc 22,32). Si nuestro sistema de gobierno, con toda su complejidad, trabaja para quitarnos el poder que tenemos, esto quiere decir que estamos todos paralizados y que hemos perdido la libertad de Domingo. Pero si actúa para fortalecernos a todos, podremos hacer grandes cosas.

17. TOMÁS DE AQUINO, *Suma de Teología,* II-II, 88, 12, ad 2m.

c) El discernimiento del bien común

El discernimiento y la búsqueda del bien común es la principal tarea del gobierno y es aquí donde pueden resultar más tensas y penosas las relaciones entre los diferentes niveles de gobierno (cf. 1.2). Un hermano puede ser asignado a una comunidad en la que no le gusta vivir o recibir una tarea para la que se siente incapaz. O puede pedirse a una Provincia que se desprenda de un hermano del que a duras penas puede prescindir en pro de una misión de la Orden. Esto puede ser duro, pero es la expresión más clara de nuestra unidad en una misión común, y con frecuencia el bien común general debe ser prioritario sobre el bien común local, si no queremos que la Orden se fragmente en una frágil asociación de individuos.

Puede resultar doloroso tanto para el superior como para el otro hermano. En vez de hacer frente a esta pena puede ser tentador para un superior pedir voluntarios, o confesar que no hay nada que hacer. Esto sería huir de la responsabilidad para la que fue elegido, y llevaría a una parálisis.

A veces debemos atrevernos a gobernar, precisamente porque valoramos la libertad que es fundamental en la vida dominicana. Apreciamos esta libertad de los hermanos para reunirse en Capítulo y tomar decisiones acerca de nuestra vida y misión comunes que pueden realizarse y no quedar en meras declaraciones escritas. Apreciamos también la libertad con la que el hermano entregó su vida a la Orden y a su misión común. No atreverse a pedir a un hermano que se preste a una misión sería no respetar la libre entrega de sí mismo que hizo en la profesión. Admito que yo mismo dudé a menudo en pedir a un hermano algo que sospechaba que no quería dar. ¿Quién soy yo para pedir esto a mi hermano? Con todo, no estoy pidiendo un sumisión a mi voluntad, sino la aceptación del bien común que los hermanos determinaron conjuntamente. Algunas veces hay que insistir incluso "bajo obediencia". Pero, si se llega a ello, sería un error pensar que ésta es la mejor imagen de lo que es la obediencia, puesto que nuestra obediencia se basa, por encima de todo, en la atención mutua, mediante la cual ambos intentamos ver lo que es mejor y más justo[18].

Paso ahora a compartir con vosotros unas breves reflexiones sobre algunos de los retos que afrontamos asumiendo la responsabilidad a diversos niveles del gobierno en la Orden. No es en modo alguno una visión completa. Para ello haría falta un libro.

3.2. El gobierno conventual

Es fundamental para la vida de la Orden compartir las responsabilidades en las comunidades en las que vivimos. No elegimos a un hermano como superior de la comunidad para desentendernos de la responsabilidad en la vida común y la misión, sino para ayudarnos a compartirla. En algunas Provincias es difícil encontrar hermanos prontos a aceptar su elección como Prior. Una de las razones puede ser que se espera que él solo lleve toda la responsabilidad. El Prior, por haber sido una figura majestuosa, se convirtió a veces en el administrador interno, el único que tiene que estar resolviendo continuamente los problemas de la comunidad. Si mi bombilla o la calefacción central no funcionan, es el Prior el que debe resolver el problema. Tuve que ser Prior de Oxford para ocuparme de cómo podría llegar la leche desde la vaca hasta la mesa, para

18. Cfr. T. RADCLIFFE, OP, *Entregados a la misión,* supra, 76ss. Cfr. También H. MCCABE, OP, *God Matters, "Obedience",* (Londres, 1987).

poder tener mi café con leche. El Prior está llamado, por supuesto, a "servir con caridad" (LCO 299), pero esto no significa que podemos cargar toda la responsabilidad sobre su espaldas, dejándole solo y desamparado. El derecho que tenemos de elegir un superior implica la obligación de apoyarlo en la construcción de nuestra vida y misión comunes.

Los superiores necesitan también el apoyo del Provincial y su Consejo. Muchas Provincias celebran reuniones anuales de superiores en las que pueden tratar sobre los retos que afrontan, prestándose apoyo y estímulo mutuos. Incluso la Provincia de San Alberto Magno en los Estados Unidos publicó un excelente folleto para ayudar a los nuevos superiores a entender su papel y a aguantar.

Como servidor del bien común, una de las principales tareas del Prior consisten en presidir el Capítulo y ayudar a sus hermanos a lograr el consenso. Por encima de todo, tiene que asegurarse de que todos los hermanos tienen voz, especialmente los más tímidos o los que sostienen los puntos de vista de la minoría. El Prior está para proteger al débil frente al fuerte. "Hay hermanos débiles que pueden sufrir considerablemente al verse aplastados, quizá involuntariamente, por hermanos con fuerte personalidad. El papel del Prior consiste, por una parte, en protegerlos valorando sus dones y, por otra, en hacer saber a los fuertes su obligación de no arrollar a los demás" [19]. Santa Catalina escribió a los ancianos y cónsules portaestandartes de Bolonia diciéndoles que los señores dejaban frecuentemente impunes de todo a los fuertes, pero que con los pobres, "que poco valen y de los que no temen, muestran el celo de una santísima

19. J. Kopf, OP, *"Être Prieur aujourd'hui"*, en *Prieurs et Supérieurs dans le gouvernement des couvents*, publicado por la Provincia dominicana de Francia. Reunión de Priores/Superiores, marzo 1995.

justicia, sin piedad ni misericordia, imponiendo grandísimos castigos por una culpa pequeña"[20]. Incluso el superior de una comunidad dominicana puede verse tentado a mostrar más celo señalando los fallos de los débiles que los de los fuertes.

El superior debe dedicar tiempo a cada hermano. No basta con presidir las reuniones comunitarias. Debe estar atento a cada hermano, y encontrarse regularmente con él, para que éste pueda exponer sus esperanzas y temores con libertad, seguro de que será escuchado. El superior debe velar, por encima de todo, por la dignidad de cada hermano. Si puedo dar un pequeño consejo es éste: no permitir nunca que un hermano sea humillado.

Una de las tareas más importantes del superior consiste en ayudar a la comunidad a definir su "proyecto comunitario". La importancia central de mismo para nuestra vida y misión comunes fue subrayada por los tres últimos Capítulos Generales de la Orden, pero en algunas Provincias no se le presta atención. A veces se debe a que se entendió mal, en el sentido que cada comunidad debería determinar una tarea única, a la que deberían dedicarse todos los hermanos, como una escuela o una parroquia. El primer paso consiste en que cada hermano exponga a la comunidad su vida y ministerio, comparta con ella sus alegrías y las decepciones que afronta. Pero esto debe llevarnos más lejos, a una colaboración mutua y profunda en las tareas de cada uno y al nacimiento de una misión común. Es un momento en el que la comunidad evalúa conjuntamente la presencia apostólica de la Orden en una región, y hasta qué punto se tiene en cuenta la prioridades de la Orden. Apoyo enérgicamente la recomendación del Capítulo General de Caleruega (n. 44) de

20. CATALINA DE SIENA, *Carta 268*, op. cit., II, p. 935.

que cada comunidad reserve un día al año para evaluar los ministerios de los hermanos y planificar el año siguiente.

La democracia no significa que el Prior debe llevarlo todo al Capítulo. Elegimos a los hermanos para que asuman responsabilidades particulares con el fin de quedar nosotros libres para la misión. Habiendo elegido a un Prior para gobernar, debemos dejarle que lo haga con toda libertad. Las Constituciones indican cuándo el Prior debe consultar a la comunidad, o cuándo el Capítulo o el Consejo tienen poder decisivo. Pero el Superior no debería usar esto como excusa para negar a la comunidad la debida responsabilidad en todo lo que sea importante para los hermanos. "Lo que afecta a todos y a cada uno, debe ser aprobado por todos" [21]. El principio fundamental fue enunciado por Humberto de Romans en el siglo XIII, es decir, que el Prior debe consultar a la comunidad en todas las materias de importancia, pero no debe molestarla cuando se trate de cosas insignificantes; en las materias intermedias debe consultar por prudencia con algunos de sus consejeros [22].

Tan central es el papel democrático del Capítulo para nuestra vida que a veces podemos caer en la tentación de pensar que el Prior es simplemente el presidente del Capítulo, que su único papel está en dirigir los debates para que los hermanos lleguen, en cuanto posible, a un consenso. Pero las Constituciones (LCO 299-300) dejan claro también que el Prior juega un papel como guardián de la vida religiosa y apostólica de la comunidad. Por ejemplo, debe predicar a los hermanos regularmente. Esto no mina en absoluto el principio

21. Código de Derecho Canónico, can. 119, 3°.

22. H. de Romans, *Opera de vita regulari*, Ed. J. J. Berthier, (Roma, 1989), vol. II, pp. 284-285.

democrático. Demuestra que la comunidad local es parte de la Provincia, como la Provincia es parte de la Orden, y por ello no puede tomar decisiones que vayan contra lo que los hermanos determinaron en el Capítulo Provincial o General. Precisamente es en nombre de nuestra democracia más amplia cuando un Prior local puede juzgar que no es posible aceptar la voluntad de la mayoría. Si los hermanos votasen que se instalase una sauna en cada celda, tendría que rechazar este consenso.

3.3. Gobierno Provincial

En el Capítulo General de Méjico se describe la Provincia como el centro normal de animación del dinamismo apostólico de la Orden (cfr. nº 208). Gran parte de la planificación práctica de la misión debe realizarse a nivel provincial. Después de haber visitado unas treinta y cinco entidades de la Orden tengo que fijarme mucho en lo que escribo. ¡Debéis agradecerme que no haya esperado otro año para escribir esta carta! Siento no tener más espacio para escribir acerca de las relaciones de los Vicariatos con las Provincias.

a) Concebir nuevos proyectos

Toda Provincia necesita crear proyectos e instituciones que den forma y cuerpo a nuestra misión común. La mayor parte de nosotros hemos ingresado en la Orden porque queríamos ser predicadores. Pero ¿qué forma asume la predicación? ¿Qué proyectos encarnan hoy nuestro carisma dominicano?

Podemos ser víctimas de la profunda sospecha, que forma parte de la cultura contemporánea, a que están sometidas las instituciones. Pero de todas formas la fundación de la Orden fue un acto supremo de creatividad institucional. Domingo y sus hermanos respondieron a la necesidad de predicar el evangelio con una imaginación extraordinaria: la invención de una nueva institución, nuestra Orden. Necesitamos esta creatividad. Las instituciones no tienen por qué ser complicadas o resultar caras: una emisora de radio o una página interna en Internet, una Universidad o una banda de música, un convento o una galería de arte, una librería o un equipo de predicadores itinerantes. La encarnación de la Palabra de Dios en las nuevas fronteras exige nuevas concepciones.

Cuando nos reunimos en Capítulo para planificar las misiones de nuestras Provincias, debemos preguntarnos siempre si las instituciones que mantenemos sirven a la misión de la Orden. ¿Nos dan voz en los debates de hoy? Santo Domingo envió a los hermanos a las nuevas Universidades, porque era allí donde su discutían las cuestiones importantes de su tiempo. ¿Dónde nos enviaría hoy?

La planificación de la misión nos pide esta creatividad institucional, la habilidad para imaginar nuevos proyectos, nuevos púlpitos, que den a la Orden voz y visibilidad. En un cierto momento los dominicos jóvenes franceses inventaron una nueva forma de misión, "la misión en la playa", ¡que fue muy popular! Un hermano americano, encargado de una misión en el sur protestante del país, transformó una caravana en una capilla móvil con un púlpito. Si queremos predicar con verdadera urgencia la buena nueva de Jesucristo, debemos usar nuestra imaginación al máximo.

Si no tenemos esa valentía e inventiva nos quedaremos quietos esperando que la gente venga a nuestras iglesias, mientras que esa gente está en otra parte, con hambre de la Palabra. O bien nos encontraremos trabajando en unas instituciones, fundadas por otros grupos, incluso Órdenes religiosas, que tuvieron más valentía e imaginación que nosotros.

Necesitamos hermanos jóvenes y nuevas vocaciones para predicar con maneras que no podemos imaginar ahora. Cuando la Provincia de Chicago comenzó a aceptar novicios hace unos pocos años, ¿quién podría haber sospechado que hoy esos mismos jóvenes estarían predicando en una red mundial y que estarían pensando incluso en la erección de un Centro virtual de estudios?

b) Planificación

"La responsabilidad comienza soñando"[23], dijo W. B. Yeats. Los Capítulos Provinciales deberían ser ocasiones para atrevernos a responder a los retos, soñando nuevos proyectos. Con frecuencia los Capítulos toman decisiones valientes y audaces, como dedicarse más a la Justicia y la Paz, acrecentar nuestra presencia en los Medios de Comunicación Social o enviar hermanos a las misiones. ¡Gracias a Dios! Pero aun con esto, frecuentemente nada se había llevado a cabo cuatro años más tarde. Hay una oración para los Capítulos de un antiguo misal dominicano, en la que los hermanos piden el don del Espíritu Santo para "ser capaces de discernir lo que tú quieres y contar con tu fuerza para cumplirlo". Posiblemente esta oración era necesaria porque los hermanos, tanto entonces como ahora, pensaban que era más fácil tomar decisiones que ponerlas en práctica. Pero a no ser que aprendamos ambas cosas, es decir, a tomar decisiones y a cumplirlas, nos sentiremos decepcionados con cualquier gobierno, y nuestra libertad y responsabilidad serán destruidas.

Hacer que la Palabra se encarne en nuestro tiempo, encontrar nuevas formas de predicar hoy, debe comenzar "soñando", pero debe terminar en una resuelta planificación práctica. El bien gobierno tiene en cuenta la

23. W. B. YEATS, *Collected Poems*, (London, MacMillan, 1933), p. 112.

virtud de la prudencia, sabiduría práctica. Debemos llegar a un acuerdo sobre lo que podemos llevar a cabo. No podemos hacerlo todo al mismo tiempo, por lo que debemos determinar el orden de la realización de los proyectos. Tenemos que hacer frente a las consecuencias de nuestras opciones, incluso si esto significa una profunda reorientación de la misión y de la vida en la Provincia. Debemos decidir el proceso mediante el cual se puede planificar, proponer, evaluar y llevar a la práctica un proyecto. Si el proyecto no funciona, debemos intentar ver por qué y cómo puede remediarse.

c) Retos de crecimiento y de debilitación

Hay momentos específicos en la vida de toda entidad de la Orden en los que es especialmente importante una planificación cuidadosa.

La transición hacia una identidad dominicana plena

El nacimiento de la Orden en un país nuevo implica varios momentos sucesivos. A veces, al comienzo, para ser aceptados y entrar en una nueva cultura, podemos tener que aceptar apostolados que no expresan plenamente nuestro carisma de predicadores y maestros.

En toda la Orden, en África, Latinoamérica, Europa del Este y Asia, he constatado el entusiasmo y la dificultad para realizar la transición hacia una nueva etapa de la vida dominicana. Son momentos de profunda transformación, cuando los hermanos intentan formar comunidades, dejar algunas parroquias, adoptar nuevos apostolados, erigir centros de estudio y formación, formar un cuerpo de profesores. El florecimiento de la Orden depende de que los hermanos sean capaces de vivir este tiempo de transición con mutuo entendimiento y apoyo.

Para los hermanos más ancianos, quizá "los Padres fundadores", podrá ser un mal momento, porque es posible que las aspiraciones de los jóvenes aparezcan como un rechazo de todo lo que ellos hicieron. Han recibido en la Orden a los jóvenes que parecen querer destruir el trabajo de sus vidas, y esto para ser "plenamente dominicos". Para los jóvenes puede ser también un tiempo de inquietud, al preguntarse si serán capaces de realizar sus sueños de una vida dominicana más plena.

Estos momentos de transición necesitan cuna cuidadosa planificación y consulta. Pero no se trata solamente de administración. Tenemos que demostrar que valoramos lo que los hermanos ancianos hicieron y vivir este momento como un tiempo de muerte y de nuevo nacimiento, siguiendo las huellas de Cristo. El obispo Paolo Andreotti predicó un retiro en Paquistán a los hermanos que habían venido del extranjero, en el nacimiento de la nueva Viceprovincia, y les dijo: "Algunos de entre vosotros podéis decidir ahora volver a vuestras propias Provincias, pero los que opten por permanecer aquí deben estar muy ciertos de sus motivaciones. Creo que Jesucristo nos está ofreciendo un modo de morir". Si los hermanos mayores pueden seguir este camino con alegría, habrán dado la más profunda formación a los jóvenes. Porque la formación, especialmente para un fraile mendicante itinerante, es siempre una introducción a la desposesión.

Gilbert Markus, OP, dijo en el Capítulo General de Caleruega: "Si estos jóvenes vienen a la Orden para seguir a Cristo, hay que orientarles en el arte de morir. Se han entregado a sí mismos a la Orden, y parte de la responsabilidad que aceptamos al recibir su profesión consiste en enseñarles ese arte. No hay esperanza para un joven dominico que no es capaz de darse cuenta progresivamente, durante su formación, de cómo debe perderse a sí mismo, morir a sí mismo. No es una excusa para los hermanos mayores aferrarse defensivamente a su propia postura para resistir al cambio. En vez de ello, necesitan conducir a los jóvenes por el camino del sacrificio, lo cual significa recorrer con ellos ese camino, dar un ejemplo de generosidad" [24].

Disminución

Son muy pocas las Provincias de la Orden que están agonizando, aunque algunas, especialmente en Europa occidental, se están reduciendo. ¿Cómo pueden estas Provincias seguir siendo capaces de emprender nuevos proyectos e iniciativas?

La Provincia debe preguntarse a sí misma qué es lo que quiere hacer realmente. ¿Cuál es su misión hoy? ¿Qué nuevos retos tiene que afrontar? ¿Qué nuevas formas de predicación puede llevar a cabo? Para lograr tal libertad quizá tenga que tomar medidas drásticas. Puede ser necesario cerrar dos casas quedando así libres para abrir otra que ofrezca nuevas posibilidades. Pero es mejor actuar decididamente en orden a poder quedar libres en vez de batirnos en lenta retirada en la que somos víctimas pasivas de circunstancias que escapan a nuestro control. ¿Cómo podemos predicar la libertad de los hijos de Dios si nosotros mismos hemos renunciado a toda libertad? ¿Cómo podemos ser mensajeros de esperanza si hemos renunciado a toda esperanza de hacer algo nuevo por Dios? Nunca atraeremos o conservaremos las vocaciones a no ser que demostremos asumir esta libertad.

24. G. MARKUS, OP, *Ars moriendi. Los tres primeros días*, Documentos para el Capítulo General de Caleruega (Roma, Santa Sabina, 1995), p. 10.

d) El Provincial y su Consejo

El Consejo Provincial es elegido para asistir al Provincial en el gobierno de la Provincia, ofreciendo consejo y tomando decisiones. Los consejeros pueden haber sido elegidos porque representan una variedad de visiones, prioridades o intereses, pero no son miembros del Consejo en calidad de representantes de un grupo o ideología. El nacimiento de cualquier fracción dentro del Consejo minaría su servicio a la Provincia. Su papel consiste en ayudar al Provincial a cumplir las decisiones del Capítulo y a buscar el bien común. Esto pide un profundo respeto de la confidencialidad; de otro modo, el Provincial no podrá recibir el apoyo que necesita.

En la ejecución de las decisiones del Capítulo y en su búsqueda del bien común, el Provincial deberá tomar alguna vez decisiones dolorosas. Ya me referí antes al dolor que implica a veces hacer asignaciones (3.1.c). Pero la Provincia no puede ser gobernada a base de esperar hermanos voluntarios para los ministerios. Pidiendo voluntarios parece respetarse la voluntad de los hermanos, pero, excepto en circunstancias muy especiales, es una mala interpretación de la naturaleza de la libertad con la que nos hemos entregado a la misión de la Orden y, por otra parte, socava también la libertad de la Provincia para hacer y cumplir eficazmente sus decisiones. Finalmente, se basa en la presunción de que el mejor juez de lo que es capaz de hacer un hermano es el hermano mismo. Podemos estar completamente equivocados. A veces un hermano se considera otro Santo Tomás, cuando no es más que un buey mudo. Más frecuentemente los hermanos infravaloran sus propias capacidades. Creo que mis hermanos saben lo que mejor puedo hacer yo. Esto forma parte de la confianza que une a la Orden.

El Provincial o el Maestro de la Orden pueden tener que casar una elección, lo cual resulta también penoso pues podría dar la impresión de socavar los derechos democráticos que tienen los hermanos a elegir su propio superior. Pero algunas veces hay que hacerlo, precisamente porque esos mismos Superiores fueron elegidos democráticamente para velar por el bien común de la Provincia o de la Orden. Socavarían la democracia si rechazaran asumir esta responsabilidad para la que fueron elegidos. Hay etapas en este proceso. La comunidad vota; el superior debe decidir si confirma o casa, el hermano elegido puede aceptar o renunciar; el superior debe decidir si acepta la renuncia o insiste. En cada uno de esos momentos se nos debe permitir ejercer nuestra propia responsabilidad, sin interferencias o presiones, para que podamos descubrir que se hace de verdad en pro del bien común.

3.4. El Maestro de la Orden y el Consejo Generalicio

El gobierno general de la Orden se relaciona con los demás niveles de gobierno de acuerdo con los mismos principios indicados en 3.1.: itinerancia, mutua ayuda y búsqueda del bien común.

a) Confirmar a los hermanos

La tarea primordial del Maestro de la Orden y del Consejo Generalicio consiste en apoyar a los hermanos, y por supuesto a toda la Familia Dominicana. Donde quiera que voy en mis viajes veo hermanos y hermanas que predican el evangelio con un coraje admirable, frecuentemente en situaciones de pobreza y violencia. Esto es una inspiración para mí y para el Consejo.

El modo principal en el que el Maestro de la Orden confirma a los hermanos es mediante visitas, intentando encontrarse con cada uno de ellos. Es un privilegio y una alegría. El programa está tan cargado que apenas queda tiempo para otra cosa. Entre el pasado noviembre y este mes de mayo he estado en Roma menos de cuatro semanas. No pude visitar, como había querido, a los hermanos y hermanas de la región de los Grandes Lagos de África, para ofrecerles el apoyo que necesitan. Una cuestión que plantearé al Capítulo General de Bolonia es si no podríamos volver a reflexionar sobre cómo se hacen las visitas, para que el Maestro de la Orden quede libre para responder a las necesidades de la Orden de otras maneras.

Cuando una Provincia pasa por un proceso de renovación o afronta un período de crisis, no basta una visita ocasional. El Consejo Generalicio ve cada vez más la necesidad de acompañar a algunas Provincias de la Orden cuando tienen que hacer frente a retos difíciles. Tenemos que apoyarlas para que tengan la fuerza y el coraje de tomar las decisiones necesarias para su renovación. El Socio del Maestro para esa Provincia jugará frecuentemente un papel exigente, acompañando a los hermanos cuando afrontan los retos de reconstruir el gobierno y la vida dominicanos.

Raramente es necesario que el Maestro de la Orden intervenga de modo directo en el gobierno de una Provincia. Y cuando lo hace, puede resultar difícil para los hermanos aceptarlo. Se puede dar la impresión de haber suplantado sus derechos democráticos a tomar decisiones acerca de su vida y misión. Pero dicha intervención significa siempre un intento de confirmar a los hermanos, de ayudarles para que se renueven en su libertad y responsabilidad. Si el gobierno a nivel Provincial resulta débil o está paralizado, el Maestro puede tener que intervenir directamente para que los hermanos puedan volver a ser de nuevo libres para afrontar el futuro. Este es frecuentemente el caso cuando tenemos que tratar de la unificación de Provincias.

b) Un bien común más amplio

El Maestro de la Orden tiene que promover la unidad de la Orden en su misión común. Donde más claramente vemos esta misión común es en la institución de nuevas fundaciones, en la renovación de la Orden allí donde sea débil y en las casas que están directamente bajo la jurisdicción del Maestro.

Una de las tareas más arduas del Maestro de la Orden es encontrar hermanos para esta misión común. Humberto de Romans escribió a la Orden en el siglo XIII que uno de los mayores obstáculos para la misión de la Orden era "el amor de los hermanos a la tierra natal, cuyo atractivo tiene a muchos de tal modo atados, pues su naturaleza todavía no ha sido transformada por la gracia, que no quieren salir de su tierra y de la casa paterna y olvidarse de su pueblo, y quieren vivir y morir entre sus familiares, incluso sin asustarse de que ni siquiera entre estos pudiera encontrar al Salvador su propia Madre"[25]. ¡Hay cosas que no cambian!

Debo decir, en honor a la verdad, que muchos hermanos, especialmente los jóvenes, tienen un sentido profundo y cada vez más grande de esta misión común de la Orden a la que estamos llamados. Algunas Provincias son profundamente generosas dando a sus hermanos para esta misión común. Por ejemplo, hemos encontrado hermanos para que nos ayuden a restablecer la Orden en la ex Unión Soviética. Pero, con todo, frecuentemente es difícil encontrar los hermanos que se necesitan, por ejemplo, para apoyar a los hermanos en Ruanda y Burundi en este tiempo de sufrimientos.

25. H. de Romans, *op. cit.*, p. 498.

Necesitamos hermanos para la fundación de la Orden en la parte occidental de Canadá. Necesitamos hermanos para renovar y mantener nuestros Centros de estudios internacionales.

¿Qué hacer para profundizar cada vez más en esta participación en la misión común de la Orden? La solución es crecer juntos en la gracia y verdad del Verbo Encarnado.

1) Estamos llamados a la absoluta y graciosa generosidad de la Palabra. No se trata de la generosidad de una Provincia que cede a un hermano que está libre o que pide voluntarios. Frecuentemente se necesita a los hermanos que no están libres. Y esto implica una redefinición de las prioridades de la Provincia a la luz de las necesidades de nuestra misión común. Por ejemplo, en Latinoamérica estamos intentando renovar la Orden pidiendo a las Provincias más fuertes que trabajen en estrecha unión con las Provincias más débiles. Estamos caminando hacia una especie de asociación por la cual puede pedirse a una Provincia que acompañe a otra entidad. Estamos pidiendo a esas Provincias que redefinan su misión a la luz de las necesidades de la Orden.

2) Esto nos pide vivir en la verdad. En primer lugar, la verdad de lo que significa ser hermano dominico. Hemos hecho nuestra profesión al Maestro de la Orden para la misión de la Orden. Por supuesto que la misión de las Provincias es una expresión de esta misión. Pero a veces tenemos que expresar nuestra identidad dominicana más profunda, quedando libres para la misión por encima de las fronteras de nuestra Provincia.

3) Esto nos pide que intentemos juntos saber con verdad los recursos de que disponemos para la misión común. Y ésta nos exige una mutua confianza. Cuando el Maestro de la Orden pregunta a un Provincial si hay un hermano apto para cierta tarea en nuestra misión común, puede haber un instinto comprensible

de proteger los intereses de la Provincia. Necesitamos, para discernir el bien común, una profunda confianza y transparencia, para poder dialogar sobre cómo podremos proveer a las necesidades de la Orden aunque respetando la situación de la Provincia. En el pasado era corriente que los Maestros de la Orden asignasen simplemente a los hermanos fuera de sus Provincias, incluso contra la voluntad de los Provinciales. Aún es necesario hacerlo algunas veces, igual que un Provincial puede a veces tener que asignar a un hermano de un convento a otro, a pesar de la resistencia del superior. Pero nuestra misión común nos pide, en el fondo, confianza y franqueza mutuas, gracia y verdad.

3.5. La encarnación del gobierno dominicano en las diversas culturas

La Palabra se hizo carne en una cultura particular. Pero la Palabra transforma todo lo que toca, es levadura de una vida nueva. Nació una nueva forma de comunidad, y la carne se hizo palabra y comunión.

También el gobierno dominicano está marcado por el tiempo y lugar de su nacimiento, un momento particular de la historia europea. Hemos nacido en un tiempo en el que se experimentaban nuevas formas de instituciones democráticas y de intenso fermento intelectual. ¿Cómo puede este gobierno convertirse en carne y sangre de la Orden en los próximos años, en los que dos tercios de los hermanos en formación provienen de culturas no occidentales? ¿Cómo puede encarnarse en la cultura occidental tal y como es hoy día, con sus fuerzas y debilidades, con su amor a la libertad y su tentación ante el consumismo? Es algo central en nuestra tradición de gobierno la búsqueda de la verdad por medio del debate y del diálogo.

¿Cómo podremos sostener el gobierno dominicano en una sociedad en la que el mismo concepto de verdad está en crisis? La encarnación del gobierno dominicano en todas las culturas es siempre un reto y un riesgo. Debe dar testimonio de una libertad y responsabilidad que son profundamente evangélicas, pero esas diferentes culturas pueden ayudarnos a descubrir lo que significan realmente esos valores.

Por ejemplo, las culturas africanas pueden ayudarnos a comprender la naturaleza del debate y la importancia que tienen el tiempo y la paciencia en la escucha de nuestros hermanos; en Norteamérica el gran sentido de respeto por el individuo puede profundizar nuestra comprensión de la libertad dominicana; en Europa del Este la firmeza en la fe puede ayudarnos a comprender lo que significa entregar la vida a la Orden; en Latinoamérica podemos aprender lo central que es para nuestra predicación el empeño por lograr la justicia.

Pero también es verdad que nuestra tradición dominicana de gobierno significa un reto para toda cultura en la que implantamos la Orden. Puede interrogar la fuerza de la identidad tribal en África; es crítica del individualismo de la América actual; invita a los hermanos de Europa del Este a liberarse de los efectos de los años de régimen comunista y a progresar en confianza mutua. En Latinoamérica la tradición del golpe de estado no ayuda siempre a una entrega profunda a las estructuras de gobierno por nosotros elegidas.

Frecuentemente el reto consistirá en comprender cuándo una cultura nos invita a una nueva percepción y cuándo puede deformar lo que es netamente dominicano en nuestro gobierno. ¿Nos ofrece el respeto por los mayores en la sociedad africana una nueva percepción de la autoridad propia de cada generación o, por el contrario, se opone a nuestra tradición democrática? ¿Conduce la práctica de algunas Provincias occidentales de dejar que los hermanos tengan cuentas corrientes en los bancos a un sentido más profundo y auténticamente dominicano de la responsabilidad, o lleva a una privatización de la existencia que destruye nuestra vida común?

Llevará tiempo responder a esas cuestiones. Los Capítulos Generales, las reuniones regionales de los hermanos en cada continente e incluso las visitas del Maestro podrían ayudarnos a encontrar la manera de descubrir lo que significan responsabilidad y libertad en una determinada sociedad. Serán necesarios tiempo, oración, debates sinceros y contacto con dominicos de otras culturas para llegar a comprender de verdad cómo hay que ejercer el gobierno en cada sociedad. Está bien que nos tomemos ese tiempo, tanto en beneficio de la Orden como para poder fundar comunidades que sean capaces de dar verdadero testimonio de fraternidad donde quiera que nos encontremos.

Conclusión

No he hablado de muchos temas que son centrales para el gobierno. Por ejemplo, no traté del gobierno y de la riqueza, ni de la importancia de las visitas. Apenas he dicho nada sobre la Familia Dominicana y la colaboración regional. Hay un límite a lo que puede escribirse en una carta.

En la visión de Santa Catalina Dios dice: "Domingo se hizo semejante a mi Verdad, mostrando no querer la muerte del pecador, sino que se convierta y viva. Hizo su navecilla ancha, alegre y perfumada", en la que "se hallan juntos perfectos e imperfectos"[26]. Aquí la gracia y la verdad del Verbo Encarnado coinciden en misericordia. Esto es lo que hace esa navecilla tan espaciosa,

26. Catalina de Siena, *Diálogo 158, op. cit.*, p. 404.

un lugar en el que nosotros, los no perfectos, podemos encontrarnos como en nuestra propia casa. Puede ser que esta navecilla avance despacio; no estará siempre claro hacia dónde camina y la tripulación cambiará papeles con una frecuencia asombrosa. De todas formas es un lugar en el que podemos esperar crecer en la libertad de Domingo, con indecisión y con muchos errores, pero seguros de la misericordia de Dios y de los hermanos.

7
Promesa de vida

"Yo he venido para que tengan vida y la tengan en abundancia" (Juan 10,10).

Cuando Santo Domingo daba el hábito a los hermanos, les prometía "el pan de vida y el agua del cielo" [1]. Si queremos ser predicadores de una palabra de vida, tenemos que encontrar el "pan de vida" en nuestras comunidades. ¿Nos ayudan a florecer o meramente a sobrevivir?

Muy poco después de haber ingresado yo en la Orden, el entonces Maestro de la Orden P. Aniceto Fernández visitó mi Provincia. Solamente me preguntó una cosa, la clásica de todos los visitadores: "¿Estás contento?" Habría esperado alguna cuestión más profunda, por ejemplo acerca de la predicación del evangelio o de los retos que tenía que afrontar la Provincia. Pero ahora me doy cuenta de que es precisamente eso lo primero que debemos preguntar a nuestros hermanos: "¿Estás contento?" Hay una manera de estar contentos, una felicidad, que consiste en sentirse vivos, con vitalidad como dominicos, que es la fuente de nuestra predicación. No se trata de una alegría inagotable

1. STEPHEN DE SALAGNAC, 1.9, ed. Thomas Kaeppeli OP, MOPH XXII, (Roma 1949), p. 81.

ni de un buen humor inalterable. Supone capacidad de sufrimiento. Puede abandonarnos durante un tiempo, incluso largo. Es un saborcillo de la abundancia de vida que predicamos, la alegría de los que han comenzado a participar de la vida propia de Dios. Deberíamos tener capacidad de gozo, porque somos hijos del Reino. *"El gozo es el carácter intrínseco de la vida bienaventurada y de la vida que, por don del Espíritu Santo, se encamina hacia la santidad"* [2]. Cuando cantamos a Santo Domingo, terminamos diciendo: *"Nos junge beatis"*, júntanos a los santos. Que podamos gustar ya desde ahora un poco de su felicidad.

Si queremos construir comunidades con vida en abundancia, tenemos que comenzar siendo conscientes de quiénes somos y de qué somos, y qué significa para nosotros tener vida como hombres y mujeres, como hermanos y hermanas y como predicadores. No somos ángeles. Somos seres con pasiones, movidos por los deseos animales de alimento y cópula. Esta es la naturaleza que la Palabra de vida aceptó cuando asumió la naturaleza humana. Y no podemos hacer menos. Aquí comienza nuestro viaje hacia la santidad.

Fuimos creados por Dios a su imagen, destinados a gozar de su amistad. Somos *capax Dei*, tenemos hambre de Dios. Estar vivos significa embarcarnos en la aventura que nos lleva al Reino, y por eso necesitamos comunidades que nos ayuden en este camino. El Señor prometió: *"Arrancaré de vuestro pecho el corazón de piedra y os daré un corazón de carne"* (Ezequiel 36, 26). Necesitamos hermanos y hermanas que estén con nosotros cuando nuestros corazones están destrozados y cuando se vuelven tiernos.

2. C. ERNST, OP, *The Theology of Grace* (Dublín 1974), p. 72.

Toda persona juiciosa sabe desde siempre que no hay camino hacia la vida que no le lleve a uno a través del desierto. El viaje desde Egipto hasta la Tierra Prometida pasa a través del desierto. Si fuéramos felices y estuviéramos verdaderamente vivos, deberíamos pasar también por ese camino. Necesitamos comunidades que nos acompañen en esta travesía, que nos ayuden a creer que cuando el Señor lleva a Israel al desierto es para *"hablarle al corazón"* (Oseas 2,16). Quizá muchos hermanos y hermanas hayan abandonado la vida religiosa en los últimos treinta años no por ser un poco más dura que antes, sino porque hemos perdido a veces de vista que esas noches oscuras forman parte de nuestro renacimiento como gente que está viva con la alegría del Reino. Así, pues, nuestras comunidades no deberían ser lugares en los que meramente se sobrevive, sino en los que encontramos alimento para el viaje.

Usando una metáfora que desarrollé en otro lugar[3], las comunidades religiosas son como los sistemas ecológicos, concebidos para mantener formas poco comunes de vida. Un espécimen raro de rana necesita su propio ecosistema para florecer, e inicia su azarosa evolución de las huevas al renacuajo y a la rana. Si la rana se ve amenazada de extinción, hay que preparar un entorno con alimento, una charca y un clima en el que pueda desarrollarse. La vida dominicana requiere también su propio ecosistema, si queremos vivir en plenitud y predicar una palabra de vida. Pero no basta con hablar de ello; tenemos que planificar y construir diligentemente estos ecosistemas dominicanos.

Esto incumbe, en primer lugar, a cada comunidad. Toca a los hermanos y hermanas que viven juntos crear comunidades en las que no podamos solamente

3. T. RADCLIFFE, *La Identidad del religioso hoy,* supra, pp. 64ss.

sobrevivir sino florecer, ofreciéndonos mutuamente *"el pan de vida y el agua del cielo"*. Esta es la finalidad fundamental del "proyecto comunitario" propuesto por los tres últimos Capítulos Generales. Pero sólo tendrá éxito si nos atrevemos a hablarnos mutuamente sobre lo que nos impacta más profundamente como seres humanos y como dominicos. Espero que esta carta a la Orden dé pie para una discusión sobre algunos aspectos de nuestra vida dominicana. Pienso en la *vida apostólica, la vida afectiva y la vida de oración.* No se trata de tres partes de cada vida (vida contemplativa: 7am-7.30am; vida apostólica: 9am-5pm; ¿y la vida afectiva?). Las tres forman parte de la plenitud de toda vida verdaderamente humana y dominicana. Nicodemo se preguntaba cómo puede uno renacer. Ese es también nuestro problema: ¿cómo podemos ayudarnos mutuamente a la hora de transformarnos para ser apóstoles de vida?

No todas las comunidades serán capaces de renovarse por sí mismas y de conseguir el ideal contemplado por nuestras Constituciones y por los recientes Capítulos Generales. Por eso, todas y cada una de las Provincias deben proponer un plan de renovación gradual de las comunidades para que los hermanos que vivan en ellas puedan florecer. Y sólo a esas comunidades deberían ser asignados los hermanos jóvenes, que son los portadores de la semilla del futuro de la vida dominicana. Las Provincias morirán, a menos que planifiquen la construcción de tales comunidades. Una Provincia con tres comunidades donde los hermanos progresan en su vida dominicana tiene un futuro, con la gracia de Dios. Pero una con veinte comunidades donde apenas se sobrevive, no lo tendrá.

1. La vida apostólica

1.1. Una vida desgarrada

La vida dominicana es apostólica, en primer lugar. Pero esto podría dar a entender fácilmente que un buen dominico tiene que estar siempre ocupado, dedicado a mil "apostolados". No. La vida apostólica no es tanto lo que hacemos como lo que somos, es decir, llamados a *"vivir la vida de los apóstoles según el modo ideado por Santo Domingo"*[4]. Cuando Diego se encuentra con los delegados cistercienses enviados a predicar a los albigenses, les dice: *"Id humildemente, siguiendo el ejemplo de nuestro amoroso Maestro, enseñando y actuando, viajando a pie sin plata ni oro, imitando en todo la vida de los apóstoles"*[5]. Ser apóstol significa tener una vida, no un empleo.

Y la primera característica de esta vida apostólica consiste en ser una participación en la vida del Señor. Los apóstoles son los que anduvieron con el Señor *"todo el tiempo que el Señor Jesús convivió con nosotros"* (Hch 1,21). Fueron llamados por él, caminaron con él, le escucharon, descansaron y rezaron con él, discutieron con él, y fueron enviados por él. Compartieron la vida de uno que es Emmanuel, *"Dios con nosotros"*. La culminación de esta vida tuvo lugar en la Última Cena, el sacramento del pan de vida. Aunque uno de ellos se fue pronto, porque tenía mucho que hacer.

Para nosotros, la vida apostólica es más que los diferentes apostolados que hacemos. Es un modo de vivir. Hablando de la predicación, Yves Congar OP escribió: *"es una vocación que es la sustancia de mi vida y de mi*

4. Constitución Fundamental, IV.
5. Cernai 21, citado por S.Tugwell, ed. Dominic (Londres 1977), p. 125.

ser"[6]. Si las exigencias de apostolado nos impiden rezar y comer con nuestros hermanos, para compartir su vida, no seremos apóstoles en el pleno sentido de la palabra, por muy ocupados que estemos. El Maestro Eckhart escribió: *"La gente no debería preocuparse tanto acerca de lo que hace, sino de lo que debería ser. Si somos buenos y lo son también nuestras costumbres, estaremos radiantes"*[7]. Domingo fue un predicador con todo su ser.

Pero esta vida apostólica crea tensiones en nuestro interior. Es el precio y la fuente de su fertilidad. Porque la Palabra de Dios, cuya vida comparten los apóstoles, se extiende y abraza todo lo que está más alejado de él. Según Eckhart, la Palabra sigue estando unida al Padre mientras se desborda sobre el mundo. Nada humano le es ajeno. La vida de Dios se extiende y se abre para encontrar un hueco para todo lo que somos nosotros; se hace como nosotros en todo, excepto el pecado. Toma sobre sí nuestras dudas y temores; entra en nuestra experiencia del absurdo, en ese desierto en el que nada tiene sentido.

Vivir plenamente la vida apostólica significa, pues, descubrir que también nosotros estamos a la intemperie en nuestro interior, en tensión hacia afuera. Ser predicador no significa solamente hablar de Dios a la gente, sino asumir en nuestras vidas la distancia que hay entre la vida de Dios y la más alejada, alienada y herida. Sólo tendremos una palabra de esperanza si vislumbramos desde dentro las penas y desesperanzas de aquellos a los que predicamos. No tendremos palabras de compasión a no ser que vivamos en cierto modo sus fracasos y tentaciones como nuestros. No tendremos una palabra que pueda ofrecer un significado para la

6. Y. CONGAR, *"What is my licence to say what I say"*, en *Dominican Ashram* 1982, p. 10.

7. M. ECKHART, *Die deutsche Predigten und lateinischen Werke* (Stuttgart 1936), vol V, p. 197.

vida de la gente si antes no hemos sido tocados por sus dudas y hemos vislumbrado el abismo. Pienso en algunos de mis hermanos franceses que, después de haber pasado el día enseñando teología e investigando, salen a las aceras por la noche para encontrar a las prostitutas, para escuchar sus aflicciones y sufrimientos y para darles una palabra de esperanza. ¡No es de extrañar que nosotros, los dominicos, hayamos tenido una mala reputación desde el comienzo! Es un riesgo de la vocación. Jordán de Rivalto, en el siglo catorce, pide a la gente que no sean duros con los frailes si están un poco "sucios". Forma parte de nuestra vocación: "Estando entre la gente, viendo las cosas del mundo, es imposible que no estén un poco sucios. Son hombres de carne y sangre como vosotros, y en la lozanía de la juventud; es una maravilla que estén tan limpios como están. ¡Este no es un lugar para monjes"![8].

La vida apostólica no nos procura un "estilo de vida" equilibrado y saludable, con perspectivas de una buena carrera, porque nos desequilibra, nos inclina hacia algo completamente otro. Si participamos así de la vida del Verbo de Dios, nos vaciaremos de nosotros mismos, nos dilataremos hasta conseguir espacio y silencio para que nazca una palabra nueva, como si fuera por vez primera. Somos gente de fe que se emplea a fondo para abrir el corazón a quienes que no creen. A veces no estaremos seguros nosotros mismos de lo que todo eso significa. Somos como los apóstoles, que fueron llamados por Cristo y que caminaron con él hacia Jerusalén, sabiendo que sólo él tenía palabras de vida eterna. Pero discutían sobre quién era el más importante, y muchas veces no tenían ni idea de hacia dónde se estaban encaminando.

8. G. Da Rivalto, *Prediche del b. Fra Giordano da Rivalto*, ed. de A. M. Bisconi e D. M. Manni (Firenze 1739), p. 9.

La vida apostólica nos invita a vivir una tensión. Hemos prometido construir nuestras vidas junto con nuestros hermanos y hermanas dominicos. *"Para nosotros ser humanos, ser nosotros mismos significa ser un hermano predicador, nuestra vida no tiene otra historia"*[9]. Esta es nuestra casa, no tenemos otra. Pero el impulso de la vida apostólica nos lleva hacia mundos diferentes. Llevó a muchos de nuestros hermanos al mundo industrial, al mundo de las fábricas y sindicatos. A otros los lleva a las universidades. Nos lleva al mundo cibernético del Internet. Un nuevo proyecto de los dominicos franceses, *Jubilatio*, nos lleva al mundo de la juventud. Un proyecto en Benin nos lleva al mundo de la agricultura ecológica. Estamos presentes en el mundo del Islam y del Judaísmo. Esta tensión puede desgarrarnos, porque la única vida que tenemos no está construida ni planeada por nosotros, sino que la recibimos como un don de cada día, el "pan de vida" que prometió Santo Domingo.

1.2. El trabajo en la sociedad contemporánea

Pero, en nuestra sociedad contemporánea, esta tensión puede convertirse fácilmente en división. Podemos llegar a ser gente con dos vidas, la vida como dominicos en nuestra comunidad y la vida en nuestro apostolado. Esto se debe a la manera de entender hoy el trabajo. Pero si esto llega a suceder en nosotros, entonces se rompe la hermosa, dolorosa y fértil tensión que existe en el corazón mismo de la vida apostólica, y podemos ser simplemente como una persona que tiene un empleo, y que vuelve cada noche al hotel de la comunidad. Veamos por qué éste es un reto muy especial que tenemos que afrontar hoy.

9. H. McCabe, OP, *God Matters*, (Londres 1987), "On being Dominican" p. 240.

a) La fragmentación de nuestras vidas

La sociedad occidental contemporánea fragmenta la vida. Los días de la semana se separan del fin de semana, el trabajo del tiempo libre, la vida de trabajo de la jubilación, al menos para los que tienen la suerte de tener un trabajo. Se puede ser profesor de historia durante el día, padre por la noche y cristiano el domingo. Esta fragmentación puede hacernos difícil tener una vida unificada y total. Los dominicos predican en una variedad casi infinita de maneras. Somos párrocos y profesores, asistentes sociales y capellanes universitarios, poetas y pintores. ¿Cómo vivimos esos apostolados como frailes, miembros de nuestras comunidades, hermanos y hermanas consagrados? Recuerdo que me impresionó mucho una conversación con un joven periodista dominico, que me exponía las dificultades de vivir en el mundo de los medios de comunicación social. Durante el día vivía en un mundo, con sus presupuestos morales y su "estilo de vida", y por la noche volvía a su comunidad religiosa. ¿Cómo podía ser religioso y periodista en una sola persona? Cuando volvemos a la comunidad por la noche, queremos olvidar los agobios del día, como cualquier otro. Lo que hacemos en el trabajo es "otra vida".

b) La profesionalización del trabajo

Cada vez se profesionaliza más el trabajo. Para la predicación del evangelio nos hacemos muchas veces profesionales cualificados. Se puede obtener un diploma en predicación o un doctorado en estudios pastorales. ¡Ninguno de los llamados por Jesús estaba graduado en "apostolado"! No hay nada malo en esa profesionalización. Tenemos que ser tan cualificados y profesionales como aquellos con los que trabajamos.

Pero aun así debemos ser conscientes de las seducciones que tiene ser un "profesional". Confiere un status y una posición. Da un puesto en una sociedad estratificada. Da identidad y nos invita a un estilo de vida. Podemos traer un salario a la comunidad. ¿Cómo puede ser un mendicante, un hermano o hermana itinerante este doctor, profesor, párroco? Nuestra profesión, ¿nos obliga acaso a movernos por una estrecha vereda con la promoción como única meta? ¿Nos deja libres para responder a peticiones inesperadas de nuestros hermanos y de Dios?

c) La ética del trabajo

Finalmente, en la sociedad occidental ha triunfado la ética del trabajo. Es lo que justifica nuestra existencia. La salvación por el trabajo. Los que no tienen trabajo están excluidos del Reino. Prediquemos lo que prediquemos, no cabe duda que el activismo febril que encontramos tan frecuentemente en la Orden puede sugerir que a veces también nosotros creemos que podemos salvarnos por lo que hacemos. Ensalzamos a Domingo como *Praedicator gratiae*, pero aunque prediquemos que la salvación es un don, ¿lo vivimos así? ¿Vivimos como aquellos para los cuales la vida, la plenitud de vida, es un don? ¿Miramos así a nuestros hermanos? ¿Competimos entre nosotros para demostrar lo ocupados que estamos y, por consiguiente, lo importantes que somos?

1.3. El desierto de la falta de sentido

Así, pues, ser predicador significa vivir la vida a la intemperie. Tenemos que participar en cierto modo del Exodo de la Palabra de Dios, que sale del Padre para asumir todo lo humano. A veces este Exodo puede llevarnos al desierto, sin un camino aparente hacia la Tierra Prometida. Podemos ser como Job que se sienta sobre un montón de estiércol y proclama que su Redentor vive. Sólo que a veces nos limitamos simplemente a sentarnos en un montón de estiércol. Si nos dejamos tocar por las dudas y creencias de nuestros contemporáneos, podemos encontrarnos en un desierto en el que el evangelio no tiene ya sentido alguno. *"Ha vallado mi ruta"* (Job 19,8).

La crisis fundamental de nuestra sociedad es quizá una crisis de sentido. La violencia, la corrupción y la drogadicción son síntomas de una enfermedad más profunda, que es el hambre de sentido para nuestra existencia humana. Para hacernos predicadores, Dios puede llevarnos a ese desierto. Y allí colapsarán nuestras antiguas certezas, y el Dios que hemos conocido y amado desaparecerá. Y entonces quizá tengamos que participar en la noche oscura de Getsemaní, cuando todo parece absurdo y sin sentido, y el Padre parece estar ausente. Y, sin embargo, sólo si nos dejamos llevar allí, donde nada tiene ya sentido, podremos oír la palabra de gracia que Dios ofrece a nuestro tiempo: *"La gracia se hace presente cuando pasamos, a través de la desesperación, a una afirmación de alabanza"*[10].

De frente al vacío, podemos caer en la tentación de querer llenarlo con tópicos creídos a medias, con sustitutos del Dio vivo. El fundamentalismo que vemos tan frecuentemente hoy en la Iglesia es quizá la reacción asustada de quienes estuvieron al borde de ese desierto pero no se atrevieron a soportarlo. El desierto es un lugar de silencio aterrador, que podemos intentar ahogar repitiendo viejas fórmulas con una terrible sinceridad. Pero el Señor nos lleva al desierto para mostrarnos

10. C. Ernst, *op.cit*, p. 72.

su gloria. Por eso dice el maestro Eckhart, *"Manténte firme y no vaciles en tu vacuidad"*[11].

1.4. Comunidades de vida apostólica

¿Cómo pueden nuestras comunidades apoyarnos en esta vida apostólica? ¿Cómo podemos sostenernos mutuamente cuando un hermano o hermana se encuentran en este desierto, donde absolutamente nada tiene ya sentido?

a) El apóstol es el enviado. ¡Los apóstoles no solicitaron un empleo! Entregamos nuestras vidas a la Orden para poder ser enviados a su misión. En la mayor parte de las comunidades dominicanas hay un ritmo regular de salir por la mañana y volver por la noche. Pero no salimos precisamente a trabajar, como podría hacerlo un profesional que sale de su casa. Es la comunidad la que os envía. Y *"cuando los apóstoles regresaron, le contaron cuanto habían hecho"* (Lucas 9,10). ¿Escuchamos nosotros lo que hicieron nuestros hermanos durante el día cuando vuelven por la tarde? ¿Les damos oportunidad para que compartan con nosotros los retos que encuentran en sus apostolados? Nosotros estamos en la parroquia o en el aula, por ellos, de su parte, representándolos. La comunidad está presente aquí, en este hermano o hermana.

¿Cómo puede las oración que compartimos por la mañana y por la tarde ser no solamente el cumplimiento común de una obligación sino parte del ritmo de la comunidad que envía a sus miembros y los recibe a su vuelta? ¿Rezamos por y con nuestros hermanos en sus apostolados? Si no es así, ¿cómo puede llamarse apostólica nuestra comunidad? Puede convertirse exactamente en un hotel.

11. M ECKHART, *Sermons and Treatieses*, trad. M O'C Walshe vol. 1, (Londres 1979), p. 44.

El Capítulo General de Caleruega dio unas sugerencias claras y excelentes acerca de cómo pueden nuestras comunidades planificar y evaluar la misión común de la comunidad, de modo que los hermanos progresen en el verdadero sentido de colaboración. Urjo firmemente a todas las comunidades a ejecutar estas recomendaciones (n.° 44).

b) En nuestras comunidades debemos ser capaces de compartir nuestra fe y nuestras dudas. Para la mayor parte de nosotros, especialmente para muchos de los que entran hoy en la Orden, no basta con recitar juntos los salmos. Necesitamos compartir la fe que nos trajo a la Orden y que nos mantiene hoy. Este es el fundamento de nuestra fraternidad. Quizá sólo podamos hacerlo con titubeos, con timidez, pero aun así podemos ofrecer a nuestros hermanos y hermanas "el pan de vida y el agua del cielo". Los Capítulos Generales recomiendan frecuentemente que se predique en toda liturgia pública. No es solamente porque somos una Orden de Predicadores sino también para poder compartir mutuamente nuestra fe.

Debemos ser también capaces de compartir nuestras dudas. Es, sobre todo, cuando el hermano entra en ese desierto donde nada tiene ya sentido, cuando debemos dejarle hablar. Tenemos que respetar sus luchas y no aplastarlo nunca. Si un hermano se decide a compartir esos momentos de oscuridad e incomprensión y nos atrevemos a escucharle, puede ser el mejor regalo que jamás haya recibido. El Señor puede llevar a un hermano a la noche oscura de Getsemaní. ¿Podríamos ir a dormir mientras él está sufriendo? Nada une más íntimamente a una comunidad que una fe que luchamos por conseguir juntos. Puede ser en una facultad teológica o en un barrio pobre de Latinoamérica. Esforzándonos juntos para dar un sentido a quiénes somos y a qué estamos llamados a la luz del evangelio seguramente que nos asombraremos del Dios que es siempre nuevo e inesperado del todo. Podemos incluso sorprendernos de encontrarnos y descubrirnos mutuamente, como si fuera por vez primera.

2. La vida afectiva

2.1. En esto consiste el amor

"En esto consiste el amor; no en que nosotros hayamos amado a Dios, sino en que Él nos amó y nos envió a su hijo como propiciación por nuestros pecados. Queridos, si Dios nos amó de esta manera, también nosotros debemos amarnos unos a otros" (1 Juan 4,10).

Toda vida apostólica es una participación de este amor redentor de Dios por la humanidad. Si no fuera así, nuestra predicación sería en el mejor de los casos como un empleo, y en el peor como un ejercicio de manipulación de los demás, de propaganda de una ideología. Quizá en algunos países las iglesias estén vacías porque la predicación del evangelio se ve como un ejercicio de control más que como la expresión del amor ilimitado de Dios. Así, pues, estar vivos, abundantemente vivos, como predicadores, significa descubrir cómo amar rectamente. *"Ma vocation c'est l'amour"* [12], *"mi vocación es el amor"*.

Pero podríamos plantearlo de otra manera. Para nosotros dominicos, aprender a amar es inseparable de ser atrapados en el misterio de la redención de la humanidad por Dios. Esta es nuestra escuela de amor. Actualmente los formadores religiosos de todo el mundo están comenzando a afrontar la cuestión de la "afectividad", palabra que no me gusta. ¿Cómo podemos

12. St. Thérèse de Lisieux, *Manuscrits autobiographiques*, París, p. 226.

formar a los que viene a la Orden para que puedan amar recta y plenamente, como religiosos castos? La mayor parte de nosotros tuvimos poca o ninguna formación para afrontar nuestras emociones, nuestra sexualidad, nuestra hambre de amar y de ser amados. Yo no recuerdo haber recibido nunca una formación en este campo. Se daba por supuesta, o quizá se esperaba con nerviosismo que una buena carrera o una ducha de agua fría podría resolver el "problema". Por desgracia ¡yo no puedo correr y no me gustan las duchas de agua fría!

No voy a hablar en esta carta de las cuestiones específicas relativas a la formación y a la afectividad, porque espero que habrá pronto una carta a la Orden sobre el tema de la formación. Diré solamente esto. No basta con esperar que todo irá bien si reclutamos hombres y mujeres jóvenes bien equilibrados, libres de desórdenes emotivos obvios. ¿Serían capaces los jóvenes bien equilibrados de dar su vida por sus amigos? ¿Dejarían las noventa y nueve ovejas para ir en busca de la que está perdida? ¿Comerían y beberían con prostitutas y pecadores? Me temo que serían demasiado sensatos para ello. Comentando el evangelio de San Juan, Agustín escribió lo siguiente: *"Dame un corazón amante y sentirá lo que digo"* [13]. Es posible que sólo los que son capaces de amar puedan comprender la pasión de la vida apostólica. A menos que nos dejemos envolver en la ola de ese inmenso amor, todos nuestros intentos para ser castos pueden terminar siendo ejercicios de control. Podremos tener éxito, pero a riesgo de un gran daño para nosotros mismos. Podemos fallar, pero a riesgo de un terrible daño para otros. Por eso, si nuestro impulso apostólico y nuestra capacidad de

13. AGUSTÍN, *Comentarios. al evangelio de San Juan*, 26, ed. de T. Prieto, OSA (Madrid, BAC, 1960), n.139, p. 661.

amar no están profundamente integrados terminarán por ser objeto de control de los demás o de mí mismo. Pero Jesús renunció al control de su vida y la puso en nuestras manos.

2.2. *"Nadie tiene mayor amor que el que da su vida por sus amigos" (Juan 15,13)*

Amar a la humanidad puede ser muy digno de admiración pero puede parecer como un sustituto pálido y abstracto del amor profundo y personal por el que suspiramos algunas veces. ¿Es realmente bastante? Esto podemos sentirlo sobre todo en la sociedad contemporánea en la que el modelo dominante de amor es el amor sexual apasionado entre un hombre y una mujer. ¿Podemos sentirnos satisfechos sólo con amar a la humanidad cuando sentimos esta urgencia de amar?

Este amor apasionado, esponsal, es ciertamente una necesidad humana profunda, y diré algo sobre ello más adelante. Puede ser también una imagen de nuestra relación con Dios, por ejemplo, en los comentarios medievales sobre el *Cantar de los Cantares*. Pero hay otra tradición complementaria que es quizá más típicamente dominicana. Está en el corazón del evangelio de Juan. *"Nadie tiene mayor amor que el que da su vida por sus amigos"*. A esto se parece el misterio del amor, a alguien que da su vida por sus amigos. Tenemos un amor profundamente apasionado en la relación de Jesús con sus discípulos, con las prostitutas y publicanos, con los enfermos y leprosos e incluso con los fariseos. Es una pasión que encuentra su última expresión en la pasión que lleva al Gólgota. ¿No es esto tan apasionante como cualquier aventura amorosa?

Nuestra sociedad no comprende nuestra manera de amar, porque hemos rechazado, según parece, la experiencia típica del amor, la unión sexual con otra persona. Podemos sentir a veces hasta nosotros mismos que hemos desaprovechado "la gran experiencia", y que no hemos vivido. Pero Santo Tomás de Aquino enseñó que en lo íntimo de la vida del Dios que es amor está la amistad, la indecible amistad del Padre y del Hijo, que es el Espíritu. Para nosotros vivir, estar indeciblemente vivos, es poner nuestra casa en esa amistad y ser transformados por ella. Desbordará sobre todo lo que somos y hacemos. Como escribió Don Goergen OP: *"El celibato no da testimonio de nada. Los que dan testimonio son los célibes"* [14]. Damos testimonio del Reino si nos ven como gente cuya castidad nos libera para vivir.

Nuestras comunidades deberían ser escuelas de amistad. Cuando San Jacinto estaba muriendo, repetía las palabras de Santo Domingo a los hermanos: *"Tened bondad y dulzura (dulcedo) de corazón. Conservad el amor de Dios y la caridad fraterna"* [15]. ¿Somos siempre suficientemente buenos y dulces de corazón los unos con los otros? En la vida religiosa hubo frecuentemente miedo a la amistad, pero quizá éste no estuvo tan presente en la tradición dominicana. Desde el principio hubo amistades profundas y cariñosas, de Domingo por sus hermanos y hermanas, de Jordán de Sajonia por su querida Diana y por Enrique, de Catalina de Siena y Raimundo de Capua. Recuerdo a un anciano dominico que decía en Capítulo, cuando yo era joven: "No tengo nada contra las amistades particulares, es a las enemistades a las que me opongo". La amistad nunca es exclusiva, sino profundamente transformadora, dolorosa y lentamente liberadora de todo lo que es dominador o posesivo, de todo lo que es amparador o despectivo. Si es una participación en la vida de la Trinidad, será un

14. Charla que será publicada en Review for Religious, marzo 1998.

15. D. A. MORTIER, *Histoire des maîtres généraux de l'ordre des Frères Prêcheurs*, vol. 1, (Roma, 1903), p. 528.

amor que eleva al otro a la misma altura y lo libera. Según escribió Bede Jarrett, Provincial inglés, en 1932: "*¡Oh querida amistad, qué don de Dios! No habléis mal de ella. Alabad más bien a su Hacedor y Modelo, la Santa Trinidad*"[16]. Si es una verdadera amistad que viene de Dios, nos impulsará a la misión de predicar la buena nueva.

La culminación de nuestro amor será un desposeimiento. A los que amamos, debemos dejarlos partir; debemos dejarlos que sean ellos mismos. Mi amor a otros, ¿les da la libertad para construir sus propias vidas y me deja a mí libre para la misión de la Orden? ¿Mi amor por esta mujer, por ejemplo, ¿la ayuda a profundizar en su amor por su marido o estoy atando su vida a la mía haciéndola depender de mí? Este desposeimiento, que es penoso pero liberador, nos invita a quedar en la periferia de las vidas de los que amamos. Deberíamos descubrir que desaparecemos del centro de sus vidas para que puedan olvidarnos y ser libres, libres para otro, libres para Dios. Esto es lo más duro de todo, pero creo firmemente que puede darnos más alegría de lo que nunca pudimos imaginar. Es el momento en que nuestro costado queda abierto para que pueda fluir de él el agua de vida.

Uno de los ejemplos bonitos dentro de nuestra tradición dominicana es sin duda alguna el de la amistad entre el beato Jordán de Sajonia, sucesor de Santo Domingo como Maestro de la orden, y la monja dominica, beata Diana de Andaló. Está claro que se amaban profundamente. ¿Cuántos Maestros de la Orden han escrito con tanta franqueza a una mujer?: *¿Es que yo no soy tuyo y no estoy siempre con vosotras, tuyo en el trabajo y en el descanso, tuyo estando presente o cuando me*

16. *The Letters of Bede Jarrett OP*, ed. de Bede Bailey, Aidan Bellenger and Simon Tugwell, (Bath. 1989), p. 182.

encuentro lejos?"[17]. Y está claro que ella le enseñó mucho sobre el modo de amar. Pero en sus cartas, Jordán la está remitiendo siempre al Señor. Es el amigo del esposo, cuyo papel consiste en llevar la novia al novio: *"Lo que te falta de mi presencia, recupéralo con tu mejor amigo, tu esposo Jesucristo, a quien puedes tener siempre presente en espíritu y en verdad. El te habla más suave y saludablemente que Jordán"*[18].

Tenemos que desprendernos también , en cierto sentido, de nuestras propias familias. Las amaremos debidamente y nos complaceremos en su amor por nosotros, pero una vez que hicimos profesión en la Orden deberíamos quedar libres para ir adonde nos necesite la misión de la Orden, incluso si es lejos del hogar de nuestra familia. Esto forma parte de nuestra pobreza. Pero ahora nos debemos en primer lugar a la Orden y a la predicación del evangelio.

2.3. *Sexo, cuerpos y deseo*

a) ¿Un ideal inasequible?

Es un ideal hermoso, pero puede parecer remoto e inasequible. Cuando luchamos contra los deseos sexuales, contra las fantasías y la posesividad, puede parecernos que esta amistad desinteresada está más allá de nuestro alcance. Los medios de comunicación social aseguran día tras día que este ideal es "irrealista". Pero Dios no transforma la humanidad invitándonos a hacer esfuerzos agotadores para subir al cielo. La vida divina llega hasta donde estamos nosotros, carne y sangre. Jesús invita a Zaqueo a bajar del árbol y reunirse con él abajo. La Palabra se hace carne, asume

17. JORDÁN DE SAJONIA, *Cartas a Diana y a otras religiosas*, Ed. de Alejandro del Cura OP (Caleruega, OPE, 1984), *Carta 46*, p. 93.
18. JORDÁN DE SAJONIA, l.c. *Carta 48*, p. 95.

nuestros deseos, nuestra pasión, nuestra sexualidad. Si queremos encontrar al Señor y ser curados, tenemos que encarnarnos también nosotros en nuestros cuerpos, con todas nuestras pasiones, con todas nuestras heridas y anhelos.

Comenzamos desde lo que somos y quienes somos. Cuando tomamos el hábito, traemos a la Orden a esta persona concreta, que es fruto de una historia, y trae consigo sus heridas. Esta es la persona que llamó el Señor, no un ser humano ideal. Llegamos con las cicatrices de la experiencia pasada, quizá con el recuerdo aun vivo de fracasos en el amor, de abusos, de sexo. Nuestras familias nos enseñaron a amar; pero quizá nos hayan producido heridas ellas también, que necesitan tiempo para curar. Progresar en un amor como el de Cristo requiere su tiempo, y este tiempo nos es dado. Es un don y Dios siempre da sus dones a través del tiempo. Esperó siglos hasta formar a su pueblo, preparando el camino para el nacimiento de su Hijo. Dios nos da la vida con paciencia, no en un instante. Si aceptamos esos dones, debemos aceptar el modo en que Dios nos los da: *"no os doy como da el mundo"* (Juan 14,17). Aceptar estos dones de tiempo es quizá especialmente importante en nuestra sociedad, en la que la adolescencia se prolonga, y sólo bastante tarde llegamos la mayor parte de nosotros a la madurez. Tenemos que comenzar con nuestros deseos, nuestras ansias, nuestro cuerpo. No somos ni ángeles ni bestias, sino carne, sangre y espíritu, destinados al Reino. Pero, como dijo Pascal, si cometemos el error de pensar que somos ángeles entonces sí que nos convertiremos en bestias.

b) Deseo

"Quitaré de vuestra carne el corazón de piedra y os daré un corazón de carne" (Ezequiel 36,26). Si nuestros

corazones deben ser de carne, tenemos que permitir que nuestros deseos sean transformados.

¿Qué deseos modelan nuestro corazón, que ocultamos a los demás y quizá a nosotros mismos? *"Ninguno de nosotros es tan transparente como para saber exactamente dónde tenemos de hecho nuestro corazón"* [19]. Mientras no miremos cara a cara honradamente nuestros deseos y aprendamos a desear honestamente, estaremos sujetos a su control y seremos sus prisioneros. Esto es especialmente arduo en una sociedad que tiene la cultura del deseo. Nuestra sociedad se está muriendo no de hambre sino por exceso de deseo. Todos los anuncios nos incitan a desear más y más, interminablemente, sin fin. El mundo se está consumiendo por un deseo voraz, inconmensurable, que puede consumirnos a todos. El deseo sexual sin bridas es simplemente uno de los síntomas de cómo se nos enseña a mirar al mundo, como material a tomar y consumir.

En primer lugar, el amor que es amistad nos invita a ver al otro sin querer poseerlo. Nos deleitamos en él sin ánimo de propiedad. Es difícil llegar a esta libertad de corazón si somos presa de la cultura del mercado, en el que todo se adquiere y usa, incluso la gente. Por eso la verdadera amistad nos pide romper con la cultura dominante de nuestro tiempo. Tenemos que aprender a ver correctamente, con claridad, con ojos que no devoren los unos a los otros ni al mundo. Santo Tomás escribió: *ubi amor, ibi oculus. Donde está el amor, ahí está el ojo* [20]. Dice esto cuando movidos por la lujuria vemos al otro como el león ve al ciervo como comida a devorar. Es, por tanto, inseparable de una verdadera pobreza de corazón. Como preguntaba William Blake:

19. N. LASH, *The Beginning and the end of Religion*, (Cambridge 1996) p. 21.

20. TOMÁS DE AQUINO, *Comm. in libr. Sentent.*, d.35, 1,2,1.

"¿Puede haber un amor que absorba a los otros como una esponja absorbe el agua?"[21].

Así, pues, sanar los deseos implica un modo diferente de estar en el mundo, una verdadera pobreza. Pero ¿qué tipo de signo puede ser la castidad, si seguimos siendo tan codiciosos en otros sentidos? Como escribió Don Georgen OP: *"Si formo parte de una sociedad de consumo, defiendo el capitalismo, tolero el machismo, creo que la cultura occidental es superior a las demás, y soy célibe, estoy dando simplemente testimonio de lo que defendemos: capitalismo, sexismo, arrogancia occidental y abstinencia sexual. La última, en este contexto, es muy poco significativa y comprensiblemente cuestionable"*[22].

Tenemos que ver también la sexualidad con toda claridad y liberarnos de la mitología sexual de la sociedad contemporánea. Tenemos que desmitificar el sexo. Por una parte, la relación sexual es vista normalmente como la culminación de todas nuestras ansias de comunión y la única manera de escapar de la soledad. Se dijo que era el último sacramento que quedaba de la trascendencia, el único signo de que existimos para el otro, o incluso de que existimos sencillamente. No tener relaciones sexuales significa, por tanto, estar medio muerto. Pero por otra parte, se trivializa la sexualidad. Una inglesa gestora de un prostíbulo declaraba recientemente que hacer el amor no tiene más importancia que tomar una taza de té. Es la combinación de la deificación de la sexualidad y su banalización lo que hace el celibato tan duro de llevar. Se nos dicen ambas cosas: que debemos practicar el sexo y que nos corresponde hacerlo sin la más mínima duda. La re-educación del corazón humano pide que veamos la sexualidad con franqueza. No cabe duda que es un

21. W. BLAKE, *Vision of Albion* 7,17.
22. Op. cit.

hermoso sacramento de comunión con otro, el don de sí mismo, por lo que no puede nunca ser banalizado. Pero hay otra manera de amar plenamente y a fondo, por lo que la ausencia de relaciones sexuales no nos condena al aislamiento ni a la soledad.

Finalmente, ante los insaciables deseos del mercado, no se nos invita a la represión sino a ansiar más. Somos gente con pasiones, y matar toda pasión sería atrofiar y aplastar nuestra humanidad. Nos convertiría en predicadores de la muerte. En cambio, debemos liberarnos para deseos más profundos, para la bondad ilimitada de Dios. Como decía Oshida, un dominico japonés, pedimos a Dios que se haga irresistible. Nuestros deseos pueden equivocarse pero no porque pedimos demasiado sino porque nos hemos conformado con poco, con satisfacciones insignificantes. *"El ideal para nosotros no consiste en absoluto en controlar nuestros apetitos, sino en darles rienda suelta en pos del apetito incontrolado de Dios"*[23]. Los anuncios que están en los bordes de nuestras carreteras nos invitan a luchar los unos contra los otros, a competir pisoteándonos unos a otros para satisfacer nuestros inacabables deseos; nuestro Dios ofrece la satisfacción de un deseo infinito libremente y como don. Deseemos cada vez más profundamente.

Esta transformación del deseo exigirá sin duda un cierto ascetismo. ¡A esta conclusión me he venido resistiendo por largo tiempo! Santo Domingo consiguió su libertad, su espontaneidad, su alegría en parte porque era un hombre muy moderado, que comía y bebía poco. Hacía fiesta con sus hermanos pero también ayunaba. Hay un ascetismo que no es un rechazo maniqueo del mundo creado por Dios sino que nos enseña a disfrutarlo apropiadamente. *"No se trata de renunciar al deseo*

23. SIMON TUGWELL, OP, *Reflections on the Beatitudes*, London 1980, p. 78.

en sí mismo –lo cual sería inhumano– sino a su violencia. Se trata de morir a la violencia del placer, a su omnipotencia" [24]. La templanza mide nuestros apetitos con respecto a las necesidades reales de nuestro cuerpo, liberándonos así de las decepciones de la fantasía y de la tiranía del deseo.

c) Cuerpos

No puedo tener una relación madura con mi sexualidad si no aprendo a aceptar e incluso a deleitarme en los cuerpos humanos, el mío y el de los demás. Este es el cuerpo que tengo y que soy, que se va haciendo viejo, gordo, que pierde el cabello; evidentemente un cuerpo mortal. Debo sentirme cómodo con los cuerpos de las demás personas, bellos y feos, enfermos y sanos, viejos y jóvenes, hombres y mujeres. Santo Domingo fundó la Orden para liberar a la gente de la tragedia de una religión dualista, que condenaba como malo este mundo creado. Es central en nuestra tradición desde el comienzo la estima de la corporeidad. En ella nos encuentra y redime Dios, haciéndose un ser mortal de carne y sangre como nosotros. El sacramento central de nuestra fe es la participación en su cuerpo y nuestra esperanza final es la resurrección del cuerpo. El voto de castidad no es un refugio contra nuestra existencia corpórea. Si Dios se hizo carne y sangre, debemos atrevernos a hacerlo también nosotros.

Descubrimos lo que significa para nosotros estar corporalmente en ese momento culminante de la vida de Jesús, cuando nos da su cuerpo: *"Esto es mi cuerpo, entregado por vosotros"*. Vemos aquí que el cuerpo no es precisamente una masa informe de carne, un paquete de músculos, sangre y grasa. La eucaristía nos enseña la

24. J. L. Bruguès, OP, *Les idées heureuses*, (París 1996), p. 56.

vocación de nuestros cuerpos humanos: convertirse en dones los unos de los otros, posibilidad de comunión.

El enorme sufrimiento del celibato está en que renunciamos a un momento de intensa corporeidad, cuando los cuerpos se entregan los unos a los otros, sin reserva. Aquí se revela el cuerpo en su identidad profunda, no como una masa de carne sino como sacramento de presencia. Este acto sexual expresa, hace carne y sangre, nuestro profundo deseo de compartir nuestras vidas. Por eso es un sacramento de la unidad de Cristo y de la Iglesia.

También nosotros los religiosos, en nuestra corporeidad, podemos hacer a Cristo presente a nuestra manera. El predicador da nacimiento a la Palabra, no sólo con sus palabras sino con todo lo que es. La compasión de Dios busca convertirse en carne y sangre en nosotros, en nuestra delicadeza, incluso en nuestros rostros.

En el Antiguo Testamento encontramos con frecuencia una oración pidiendo que el rostro de Dios brille sobre nosotros. A esta oración se respondió finalmente en forma de un rostro humano, el rostro de Cristo. Mira al joven rico, lo ama y le pide que le siga; mira a Pedro en el patio después de su traición; Mira a María Magdalena en el jardín y la llama por su nombre. Como predicadores, carne y sangre, podemos dar cuerpo a esta mirada compasiva de Dios. Nuestra corporeidad no está excluida de nuestra vocación. *"Y quien es predicador y hermano al mismo tiempo puede aprender, con trabajo y probablemente con progreso inconstante, lo que significa ser un rostro para Dios precisamente teniendo un rostro humano, un rostro que puede sonreír y reír, llorar y parecer aburrido... Y es precisamente en toda nuestra unicidad e individualidad, eternamente válida y deseada por Dios, donde somos también la revelación, la manifestación, la expresión de aquél que es el*

Verbo Único que se revela desde toda la eternidad en el silencio de Dios"[25].

La verdadera pureza de corazón no consiste en estar liberados de la contaminación de este mundo, sino más bien en estar plenamente presentes en lo que hacemos y somos, con un rostro y un cuerpo que nos expresan por encima de todo engaño y duplicidad. Los puros de corazón no se esconden detrás de sus caras para mirar con cautela. Son transparentes, con la desnudez y vulnerabilidad de Cristo. Conservan su libertad y espontaneidad. *"Sólo el que tiene un corazón limpio es capaz de reír con una libertad que crea libertad en los demás"*[26].

d) Fecundidad

Quizá lo que más he echado de menos es no haber tenido hijos. Y si yo, que soy hombre, lo siento, ¿qué puede significar para una mujer no haber dado a luz? Es un deseo fundamental, tenemos que reconocerlo. Pero seremos fructíferos si nuestra vida apostólica está asumida en el fértil amor de Dios por la humanidad. El Maestro Eckhart dice que este amor de Dios en nosotros es lozano y fértil. Dios está en nosotros *"siempre verde y floreciente en todo el gozo y gloria que él es en sí mismo"*[27]. *"El propósito principal de Dios es dar vida. No está satisfecho hasta que no engendre a su Hijo en nosotros. Y tampoco el alma está nunca satisfecha hasta que el Hijo nazca en ella"*[28].

Nuestro amor por los hermanos y hermanas debe ayudarlos a ser fructíferos. La vida apostólica no consiste simplemente en trabajar incesantemente. Si nuestros

25. TUGWELL, op. cit, p. 96.
26. J. PIEPER, *A Brief Reader on the Virtues of the Human Heart*, San Francsico, p. 44.
27. M. ECKHART, en WALSHE, op. cit. *Sermon 8*.
28. Ib. *Sermon 68*.

apostolados están vivos con la abundancia de la vida de Dios, participaremos de su creatividad.

Pero ser padre significa vivir en la alegría y el dolor de dejar que los hijos se vayan. La consumación de ser padres consiste hacer que los hijos sean libres, en dejarles que orienten su vida incluso en una forma diferente de la que habrían esperado para ellos. También nosotros debemos desasirnos de lo que hemos creado. Sabremos que hemos sido realmente fructíferos cuando los proyectos que hemos iniciado, y a los que hemos dedicado nuestra vida, toman nuevos rumbos y están en manos de otros. Esto es duro, pero la generosidad de los padres consiste en dar libertad a sus hijos.

2.4. ¿Cómo podemos ayudarnos mutuamente?

Si dejamos que el amor, que es Dios, nos toque reviviremos poco a poco. Puede parecer más seguro seguir muertos, invulnerables, intocables. Pero ¿es eso verdad? *"La naturaleza aborrece el vacío. Pueden suceder cosas terribles a quien tiene el corazón vacío. En último análisis, es mejor correr el riesgo de un escándalo ocasional que tener un monasterio –un coro, un refectorio, una sala de recreación– llenos de muertos. Nuestro Señor no dijo: 'He venido para que tengan seguridad y para que la tengan en abundancia'. Algunos de entre nosotros darían cualquier cosa para sentirse seguros en su vida, en este mundo y en el futuro, pero no podemos tener las dos cosas: seguridad y vida, tenemos que escoger"* [29]. Si optamos por la vida, necesitamos comunidades que nos apoyen según vamos reviviendo, que nos ayuden a crecer en un amor que sea verdaderamente santo, en una participación en el Verbo de Dios revelado.

29. G. VANN, OP, *To Heaven with Diana*, (Londres 1959) p. 46ff.

a) Comunidades de esperanza

Ante todo, deberíamos brindarnos mutuamente esperanza y misericordia. Lo que nos atrae con frecuencia hacia la Orden es nuestra admiración por los hermanos. Esperamos llegar a ser como ellos. Pero descubrimos muy pronto que son, de hecho, como nosotros, frágiles, pecadores y egoístas. Y esto puede causar una profunda decepción. Recuerdo un novicio que se quejaba de haber hecho tan triste descubrimiento. El Maestro de novicios le contestó: "Me encanta oírte decir que ya no nos admiras. Ahora hay una oportunidad de que puedas llegar a amarnos". El misterio redentor del amor de Dios no hay que verlo en una comunidad de héroes espirituales, sino de hermanos y hermanas que se animan mutuamente, con esperanza y misericordia, en su camino hacia el Reino. El Señor resucitado se aparece a una comunidad de hombres tímidos y débiles. Si queremos encontrarlo debemos atrevernos a estar allí con ellos. Jordán de Sajonia escribía a los hermanos de París, que eran sin duda exactamente como nosotros: "No puede ser que Jesús se aparezca a los que se separan de la unidad de la fraternidad. A Tomás le fue negado ver a Jesús, por no haber estado con los demás discípulos cuando Él se les apareció. Y ¿pensáis que vosotros sois más santos que Tomás?" [30].

Pero necesitamos de nuestras comunidades sobre todo si fallamos en el amor. Y podemos fallar, porque entramos en un período de esterilidad en el que sentimos que somos absolutamente incapaces de amar, en el que nuestros corazones de carne han sido remplazados por corazones de piedra. Y entonces necesitaremos nuestras comunidades para creer por nosotros que:

30. Ibid. p. 157.

"Oculta en lo más profundo de uno mismo,
–a pesar de la traición cometida o del peso de la propia debilidad–
oculta en lo más profundo de uno mismo
la semilla del amor permanece"[31].

Nuestras comunidades deben ser lugares en los que no hay acusaciones *"porque ha sido arrojado el acusador de nuestros hermanos"* (Apoc. 12,10). Podemos pecar y pensar que hemos destruido nuestra vocación, y que tenemos que abandonar la Orden avergonzados. Es entonces cuando nuestros hermanos y hermanas pueden tener que creer, por nosotros, en la misericordia de Dios si nos resulta difícil creer nosotros mismos. Si Dios puede hacer florecer el árbol muerto del Gólgota, puede también sacar provecho de mis pecados. Podemos necesitar de nuestros hermanos para creer, cuando nosotros no podemos hacerlo, que un fallo no es el fin sino que Dios, en su infinita fertilidad, puede convertirlo en parte de nuestro viaje hacia la santidad. Incluso nuestros pecados pueden formar parte de nuestros torpes intentos de amar. Los años que duraron las aventuras sexuales de San Agustín formaban quizá parte de su búsqueda de un amor más grande, y la castidad no significó el cese sino la culminación de ese deseo.

b) Comunidad y orientación sexual

Aquí es donde se perciben más claramente las diferencias culturales. Se necesita una gran delicadeza para no escandalizar ni herir a hermanos y hermanas. En algunas culturas, la admisión a la vida religiosa de gente con orientación homosexual es virtualmente impensable. En otras, se acepta sin problemas. Todo lo que se

31. P. MURRAY, OP, *A song for the Afflicted*, poema inédito.

escribe sobre este tema corre el riesgo de ser escudriñado para ver si se está "a favor" o "en contra" de la homosexualidad. Y aquí está el error. No nos corresponde a nosotros decir a Dios a quién puede o no llamar a la vida religiosa. El Capítulo General de Caleruega afirmó que hay que aplicar a todos los hermanos, de cualquier orientación sexual que sean, las mismas exigencias de castidad y, por tanto, nadie puede ser excluido por esa razón. Hubo un gran debate en dicho Capítulo sobre este particular, y estoy seguro que continuará.

¿Cómo pueden nuestras comunidades ayudar y sostener a los hermanos a la hora de confrontarse con su orientación sexual? Lo primero que debemos reconocer es que toca profundamente a nuestra propia idea de quién somos. Y, por eso, es un tema importante y delicado para muchos jóvenes que vienen a la Orden, por dos razones. En primer lugar, hay frecuentemente un ansia profunda por tener una propia identidad. Para muchos, la cuestión predominante es: ¿Quién soy yo? En segundo lugar, la cuestión de la orientación sexual no se soluciona con frecuencia hasta bastante tarde debido a la adolescencia prolongada que caracteriza hoy a muchas culturas. A veces recibimos de algunos hermanos peticiones de dispensa porque hasta bastante tarde en su vida no se dieron cuenta de que eran fundamentalmente heterosexuales y, por ende, hábiles para casarse.

Si un hermano llega a creer que es homosexual, es importante que sepa que se le acepta y ama tal cual es. Puede vivir en el terror del rechazo y de la acusación. Pero esta aceptación es "pan para el camino" según va logrando descubrir una identidad más profunda, la de hijo de Dios. Porque ninguno de nosotros, heterosexuales u homosexuales, puede encontrar esta identidad en su orientación sexual. Es en Cristo en quien debemos descubrir lo que somos en profundidad.

"Queridos, ahora somos hijos de Dios y aún no se ha manifestado lo que seremos. Sabemos que, cuando se manifieste, seremos semejantes a Él, porque le veremos tal cual es" (1 Juan 3,2). Por nuestros votos nos comprometemos a seguir a Cristo y a descubrir en él nuestra identidad. Forma parte de nuestra pobreza el superar esas pequeñas identidades. *"A la raíz de todas las demás ansias de posesión está por último el deseo de ser uno mismo: el deseo de que, en el centro de mí mismo, debe estar no ese innombrable abismo al que se lanza inevitablemente, como a un vacío, al Dios innominado, sino una identidad que puedo poseer, una identidad que se define como propiedad mía"*[32]. El hermano que hace de su orientación sexual un elemento central de su identidad pública se está equivocando sobre quién es en lo más profundo de sí mismo. Se parará al borde del camino, siendo así que está llamado a caminar hasta Jerusalén. Lo fundamental es que podamos amar y ser hijos de Dios, no hacia quién nos sentimos atraídos sexualmente. Pero esto no es solamente cuestión de un sentido personal de la identidad del individuo. Tenemos una identidad como hermanos y hermanas los unos de los otros. Somos responsables de las consecuencias que puede tener para nuestros hermanos nuestra manera de presentarnos a nosotros mismos, especialmente en un área tan sensible como la de la orientación sexual.

Así, pues, todo hermano debe ser aceptado tal y como es. Pero la emergencia de cualquier subgrupo dentro de una comunidad, basados en su orientación sexual, podría ser una causa grande de división. Puede amenazar a la unidad de la comunidad; puede hacer aun más difícil para los hermanos guardar la castidad que hemos consagrado. Puede forzar a los hermanos a pensar de sí mismos de un modo que no es central para

32. R. WILLIANS, *Open for Judgement*, (Londres), p.184.

su vocación de predicadores del Reino, y quizá un día descubran eventualmente que no es cierto.

c) Enamorarse

Sin embargo, por mucho que presentemos la amistad como la revelación suprema de un amor, que es la vida de Dios, podemos aun enamorarnos, y ésta puede ser una de las experiencias más significativas de nuestra vida. Una de las primeras preguntas públicas que me hicieron después de mi elección como Maestro de la Orden en una reunión con un grupo grande de estudiantes dominicos filipinos, fue ésta: "Timothy, ¿te enamoraste alguna vez?" Y la segunda cuestión fue: "¿Sucedió antes o después de haber ingresado en la Orden?" Si esto sucede, entonces necesitamos de verdad la ayuda y amor de nuestras comunidades.

Para un hermano o hermana que han consagrado sus vidas a la Orden, enamorarse es casi con seguridad un momento de crisis. Pro como nos recuerda con frecuencia Jean-Jacques Pérennès en el Consejo Generalicio, una crisis es un momento de oportunidad. Puede ser fructífera. Cualquier experiencia de amor puede ser un encuentro con el Dios que es amor. Enamorarse puede significar el momento en el que nuestro egocentrismo queda desenmascarado y descubrimos que no somos el centro del mundo. Puede ser demoledora, al menos por algún tiempo, esta preocupación por nosotros mismos que nos mata. Enamorarse es *"para mucha gente la experiencia más extraordinaria y reveladora de sus vidas, por la cual uno mismo deja de ser el centro de significación y el ego soñador se ve estremecido al descubrir una realidad completamente distinta"*[33].

33. I. MURDOCH, *The Fire and the Sun: Why Plato banished the Artist*, (Oxford 1979), citado por F. KERR, OP, en *Immortal Longings: Versions of transcending Humanity* (Indiana 1997), p.72.

Una vez que hemos pasado por este profundo "desposeimiento" de nosotros mismos, no podemos seguir viviendo como si no hubiera pasado nada. No podemos pretender que no hemos encontrado nunca a esa persona y que podemos volver a nuestra antigua vida como si no hubiera pasado nada. Y ésta puede ser una razón por la que si un hermano se enamora puede pedir la dispensa de votos, porque esa antigua vida que había prometido ya quedó atrás.

Cuando Thomas Merton, un cisterciense americano, estaba en el ápice de su fama como escritor espiritual, se enamoró perdidamente de una enfermera que lo había cuidado en el hospital. Y escribió en su diario que estaba *"atormentado al darme cuenta de que estábamos enamorados y yo no sabía cómo podría vivir sin ella"*[34]. Como dice Otelo enfrentado a la pérdida de su amada Desdémona, *"en ella había refugiado mi corazón, en ella tengo que vivir o no tener vida, ella es el manantial del que brota mi corriente, porque si no se seca"*.

Así, pues, no podemos imaginar una vida fuera de la persona que amamos y por eso tenemos que pedir el don de una vida que no podemos imaginar, una vida que sólo puede venir como don de Dios. Sobre la cruz, Jesús no espera una vida imaginable, sino sólo la inconcebible y abundante vida que el Padre le da. Nosotros no podemos hacer una vida. Debe ser dada.

Es muy difícil dejarnos caer en las manos del Padre en ese momento, confiando en que esa muerte dará paso a la resurrección. Necesitaremos como nunca a nuestros amigos, hermanos y hermanas que quizá tengan que creer por nosotros, cuando nosotros no podemos, que en ese desierto podemos encontrar al Señor de la vida. Posiblemente no nos hayamos sentido nunca

34. J. HOWARD GRIFFIN, Thomas Merton: The Hermintage Years, (London 1993), p.60.

tan vivos, con tanta vitalidad. Podemos pensar que este amor es lo que habíamos estado buscando durante toda nuestra vida. ¿Cómo arriesgarnos a perderlo? Podemos convertirnos en secos, malhumorados y frustrados. En ese momento tenemos que creer que si seguimos fieles a nuestros votos Dios será fiel también y recibiremos vida en abundancia. El biógrafo de Merton dice que, finalmente, su experiencia de haberse enamorado le dio *"una liberación interna que le confirió un nuevo sentido de convicción, de despreocupación y de indefensión en su vocación y en lo más profundo de sí mismo"*[35].

Podría parecer que estoy sugiriendo esta experiencia como un paso casi necesario en el camino de nuestro progreso espiritual. No es lo que estoy diciendo en absoluto. "Nadie tiene mayor amor que el que da su vida por sus amigos". Como religiosos, nos comprometimos a vivir la plenitud de la vida en el misterio de esta amistad de desprendimiento. También nosotros, sacerdotes y religiosos, podemos infligirnos un daño tremendo a nosotros mismos y a los demás cuando nos enamoramos. Podemos parecer a otros tan "seguros" y considerarnos también seguros a nosotros mismos. Podemos abusar fácilmente permitiéndonos una forma de "turismo emocional", que nos deja libres para volver a nuestra comunidad cuando las cosas comienzan a resultar peligrosas, pero dejamos posiblemente a otras personas dañadas, y minada para siempre su fe en la Iglesia e incluso en Dios.

d) El desierto de la soledad

En nuestro crecimiento como gente capaz de amar, podemos tener que pasar a veces a través del desierto. Puede ser porque nos sentimos incapaces de amar, o porque nos enamoramos, o quizá fallamos en nuestros

35. J. H. GRIFIFIN, op. cit., p.87.

votos. Si la vida apostólica nos lleva a la perplejidad de Getsemaní, donde la vida pierde todo su sentido, entonces la crisis en el amor puede confrontarnos con la soledad de la cruz.

La experiencia de la soledad revela una verdad fundamental acerca de nosotros mismos: que solos estamos incompletos. Contrariamente a la percepción dominante de gran parte de la sociedad occidental, no somos seres autosuficientes, independientes. La soledad revela que no puedo vivir, existir por mí mismo. Sólo existo por mis relaciones con los demás. Solo, me muero. La soledad revela un vacío, una carencia en lo más profundo de mi ser. Podemos vernos tentados a llenar este vacío con variedad de cosas: comida, bebida, sexo, poder o trabajo. Pero el vacío sigue ahí. El alcohol o cualquiera otra cosa, es simplemente una sed de Dios disfrazada. Sospecho que no podemos llenarla ni siquiera con la presencia de otras personas. Una habitación llena de gente solitaria no cambia nada. *"El horror de esta soledad se muestra precisamente en el hecho que todos la comparten, pero nadie puede aliviarla"*[36]. Cuando Merton se enamoró, descubrió que lo que estaba buscando no era quizá a su amada sino una solución al hueco que había en lo más profundo de su corazón. Ella era *"la persona cuyo nombre intentaría usar como magia para romper el cerco de la terrible soledad de mi corazón"*[37].

En definitiva, creo que esta soledad no debe ser simplemente soportada. Hay que vivirla como un acceso a la soledad de Cristo en su muerte, que asume todas las soledades humanas y las transforma. "Dios mío, Dios mío, ¿por qué me has abandonado?" Si lo hacemos así, el velo del templo se rasgará en dos y descubriremos que Dios está en lo más profundo de nuestro ser, dándonos

36. S. MOORE, OSB, *The Inner Loneliness*, (Londres 1982) p. 40.
37. *Op. cit.* p. 58.

la existencia a cada instante. *"Tu autem eras interior intimo meo", "tú estabas más dentro de mí que yo mismo"*[38]. Si tomamos sobre nosotros la cruz de la soledad y caminamos con ella, se revelará que la percepción moderna del yo no es verdadera. La verdad más profunda de nosotros mismos es que no estamos solos. En el punto más profundo de mi ser está Dios, dándome vida en abundancia. Santa Catalina se describe a sí misma en el Diálogo como "habitando en la celda del conocimiento de sí misma para conocer mejor la bondad de Dios para con ella". El conocimiento profundo de uno mismo no revela el ser solitario de la modernidad sino el único cuya existencia es inseparable de Dios que nos está dando continuamente la vida.

Si logramos entrar en ese desierto y encontrar allí a Dios, seremos libres para amar gratuitamente, libremente, sin dominio ni manipulación. Seremos capaces de ver a los demás no como una solución a mis necesidades o como respuestas a mi soledad sino simplemente para deleitarnos en ellos. *"Por consiguiente, manténte firme y no vaciles en tu vacuidad"*. Fue a los pies de la cruz, cuando Jesús dio a su madre al discípulo amado y viceversa, donde nació la comunidad de la Iglesia.

3. La vida de oración

Quien es tocado por la abundancia de vida ama desinteresadamente, espontánea y alegremente. Su corazón de piedra se convierte en un corazón de carne. Esta profunda transformación de nuestra humanidad implica, según nuestra tradición, estudio y oración al mismo tiempo. Jordán de Sajonia nos dice que ambos nos son tan necesarios como comer y beber. Mediante el estudio rehacemos el corazón humano, descubrimos

38. S. Agustín, *Confesiones,* 3.6.11.

esa *"formación del entendimiento por lo cual el entendimiento se transforma en amor"*[39]. Ambos a dos, estudio y oración, pertenecen a la vida contemplativa a la que está llamado todo dominico. Pero os ahorro las reflexiones sobre el estudio porque ya escribí una carta sobre el tema. Expondré, en cambio, unas ideas sobre la oración y la vida.

3.1. Comunidad de la Palabra

Al final de la mayor parte de las visitas canónicas, el visitador suele hacer algunas observaciones edificantes acerca de la necesidad de la oración. Inclinamos la cabeza sabiamente y hacemos algunos vagos propósitos. ¿Se tiene la impresión de que lo que está en juego es cómo esos huesos secos pueden revivir?

Cuando nace un niño, sus padres comienzan a hablarle inmediatamente. Mucho antes de que pueda entender, el niño es alimentado con palabras, bañado y tranquilizado con palabras. Su madre y su padre no hablan a su hijo para transmitirle informaciones. Le están hablando para despertarle a la vida. Se humaniza en ese mar de lenguaje. Poco a poco será capaz de encontrar un lugar en el amor que comparten sus padres. Se va desarrollando hacia una existencia humana.

También nosotros somos transformados por inmersión en la Palabra de Dios dirigida a nosotros. No leemos la Palabra para buscar información. La consideramos, la estudiamos, la meditamos, vivimos con ella, la comemos y la bebemos. *"Queden grabadas en tu corazón estas palabras que yo te mando hoy. Se las repetirás a tus hijos, se las dirás tanto si estás en casa como si vas de viaje, cuando te acuestes y cuando te levantes"* (Dt 6,6). Esta palabra de Dios actúa en nosotros, nos hace humanos, nos trae a la vida formándonos en esa amistad que

39. TOMÁS DE AQUINO, S*uma de teología*, I, 43, 5, ad 2m.

es la verdadera vida de Dios. Como escribía Jordán a Diana en su carta de Navidad en 1229, *"esta palabra léela en tu corazón, rúmiala en tu mente y que ella ponga tu boca dulce como la miel. Que permanezca en ti y habite siempre contigo*[40].

Unos amigos míos adoptaron a un niño. Lo encontraron en una sala de un gran hospital en Saigón, huérfano de la guerra vietnamita. Durante los primeros meses en la sala del hospital nadie había tenido tiempo para mirarle ni hablarle. Creció incapaz de sonreír. Pero sus padres adoptivos le hablaban y le sonreían, con una amorosa dedicación. Recuerdo el día en que sonrió por vez primera. La Palabra de Dios nos alimenta para que revivamos, para que seamos humanos e incluso capaces de devolverle la sonrisa a Dios. Una comunidad que ofrece vida es aquella en la que encontramos esta palabra de Dios atesorada y compartida. No basta con decir más oraciones. Pueden sofocarnos, sobre todo cuando se dicen a gran velocidad. Cuando Santo Domingo oraba, disfrutaba de la palabra de Dios *"saboreándola en su boca, tal y como era, y gozaba recitándola para sí mismo"* (quinto modo), como quien degusta un buen vino francés. San Alberto Magno dice que necesitamos *"ser alimentados con frecuencia por la dulzura* (una vez más: *dulcedo*) *de la palabra de Dios"*[41].

A medida que el niño es alimentado con las palabras de sus padres va haciendo el descubrimiento terrible y liberador de que no es el centro del universo. Detrás del pecho hay una madre. No todo está a sus órdenes. Se descubre a sí mismo como parte de la comunidad humana. En la conversación de nuestros padres descubrimos un mundo al que podemos pertenecer. Así, del mismo modo, somos nutridos con la palabra de Dios,

40. Jordán de Sajonia, *Carta 41* (en la Navidad), l.c., p. 86.
41. Alberto Magno, *Sermón*, en *Recherches de Théologie Ancienne et Mediévale* 36, 1969, p.109.

somos conducidos a un mundo más amplio. El buen pastor que vino para que tengamos vida, y en abundancia, es el que abre la puerta para que podamos salir y encontrar amplios espacios. En la oración hacemos un éxodo, más allá del caparazón de nuestra insignificante obsesión por nosotros mismos. Entramos en el amplio mundo de Dios. La oración es una *"disciplina que me impide dar por supuesto que soy el centro de un pequeño universo, y me permite encontrarme, perderme y volver a encontrarme en el entretejido de modelos de un mundo que yo no hice y que yo no controlo"*[42].

El niño madura en la conversación de sus padres y descubre que no está solo. Del mismo modo, nosotros somos también atrapados en la amistad de Dios y curados de la obsesión por nosotros mismos, comenzando a vislumbrar el verdadero mundo. Yeats escribió: *"Hemos alimentado el corazón de fantasías, y el corazón se ha vuelto salvaje"*[43]. La oración cura nuestro corazón de fantasías. Santo Tomás dice que *"la oración dominical sirve de norma a todos nuestros afectos"*[44]. Pidiendo que se haga la voluntad de Dios y que venga su Reino remodelamos nuestro corazón.

Liberados de nuestras fantasías auto-obsesivas y adentrados en el más amplio mundo de Dios, descubrimos que los demás sufren violencia y tristeza. Fr Vicente de Couesnongle hablaba de "la contemplación de la calle". Para Santo Domingo, los afligidos y oprimidos *"forman parte de 'contemplata' en 'contemplata aliis tradere'... El doloroso conocimiento que abre la mente y el corazón de Domingo a la contemplación, permitiéndole experimentar con una imponente indefensión el dolor y las necesidades de su prójimo, no puede explicarse*

42. R. WILLIANS, l.c P. 120.
43. "Meditations in time of Civil War" Collected Poems (London 1969), p. 230.
44. II-II, 83, 8.

simplemente por ciertos imborrables recuerdos del dolor que presenció, ni por su simpatía natural" [45]. Es, dice Paul Murray, una *"herida contemplativa"*. Por eso la vida contemplativa está en el centro mismo de toda búsqueda de un mundo justo. La contemplación nos hace capaces de ver desinteresadamente.

3.2. Comunidades de celebración y silencio

Según va creciendo el niño, va dejando de chillar y siendo capaz de usar la palabra y el silencio. Aprenderá a hablar y a escuchar. Sucede igual con nosotros, construir comunidades de oración implica más que añadir otro salmo en las vísperas. Debemos crear un entorno en el que podamos hablar y escuchar, alegrarnos y estar en silencio. Este es el ecosistema que necesitamos si queremos florecer.

Según la tradición dominicana hablar a Dios es, ante todo, pedir lo que queremos. No es ésta una actitud infantil sino realista. Nos demuestra que estamos despertando del pequeño mundo de fantasía del mercado donde todo se vende, y reconociendo que en el mundo real todo es un don de aquél que es "el autor de nuestros bienes" [46]. Cuando comenzamos a preguntar vamos camino de ser adultos. Cuando oramos juntos, ¿osamos pedir a Dios aquello que más profundamente deseamos? ¿Recitamos meramente unas pocas peticiones del breviario?

El éxodo del Egipto de la auto-obsesión es un momento de éxtasis. Somos liberados del oscuro y restringido pequeño mundo del ego. Como Miriam después de haber atravesado el Mar Rojo, estaremos seguramente exuberantes. Exultaremos por haber entrado en

45. P. MURRAY, OP., *"Dominicans grounded in Contemplative experience"*, Conferencia en River Forest, Chicago, junio 1997.
46. TOMÁS DE AQUINO, op. cit, II-II, 83, 2, ad 3m.

los amplios y abiertos espacios de la amistad de Dios. David danzó frenéticamente ante el arca; María exultó en el Señor y en las maravillosas cosas que hizo por ella. La oración del predicador debería ser exultante, sin duda alguna, extática. Estamos llamados a "alabar, bendecir y predicar". Cuando el salmo dice: "Cantemos al Señor un canto nuevo", ¡hagámoslo, pues! Santo Domingo era exuberante en su oración. Usaba todo su cuerpo, extendiendo sus brazos, postrándose en tierra, arrodillándose y haciendo un gran ruido. Todo el cuerpo está salvado por la gracia, y por eso ora. Algunos de mis más hermosos recuerdos de oración con los hermanos: pienso en la eucaristía extática celebrada en Haití, en medio de una gran pobreza y violencia; la danza y canto de nuestras Hermanas zulú en Sudáfrica; el maravilloso y apasionado canto de la Vigilia Pascual en Cracovia; los petardos y el gong un año después en Taiwan. ¿Celebramos la liturgia y exultamos juntos en el Señor que hizo cosas maravillosas por nosotros? ¿La vemos como una mera obligación que tenemos que cumplir? Es una obligación, por supuesto, la obligación más solemne que procede de la amistad. Y nos encanta hacer cosas por nuestros amigos.

Eckhart escribió que *"el mejor y más noble logro en esta vida consiste en estar en silencio y dejar que el Señor actúe y hable dentro de nosotros"* [47]. No hay amistad sin silencio. Si no hemos aprendido a pararnos, a estar en silencio y a escuchar al otro, permaneceremos encerrados en nuestro pequeño mundo, del que somos el centro y los únicos habitantes reales. En el silencio hacemos el maravilloso y liberador descubrimiento de que no somos dioses, sino precisamente criaturas.

Hay diversos tipos de silencio. Está el silencio de las mujeres en la tumba, que "no dijeron nada a nadie

47. WALSHE, vol. I, p. 6.

porque tenían miedo" (Lc 16,8). Está el silencio con el que excluimos lo totalmente inesperado, lo nuevo, lo impensable. Está el silencio con el que excluimos las palabras molestas que pueden robar la paz de mi espíritu. Y está el silencio de los discípulos camino de Emaús, mientras escuchaban al Señor que les exponía las Escrituras. No dijeron nada entonces, pero después exclamaron: *"¿No estaba ardiendo nuestro corazón dentro de nosotros cuando nos hablaba en el camino y nos explicaba las Escrituras?"* (Lc 24,32). Paul Phillibert OP llama oración a nuestra apertura a las iniciativas secretas de Dios. En este vulnerable silencio, le dejamos que haga cosas nuevas e inesperadas. Estamos dispuestos a dejarnos asombrar por la novedad del Dios de las sorpresas: *"Mira que hago un mundo nuevo"* (Apoc. 21,5).

Este es el silencio que prepara el camino para la predicación. Ignacio de Antioquía dijo que la Palabra vino desde el silencio del Padre. Era una palabra fuerte, clara, decisiva y verdadera, porque había nacido en el silencio. "Él no fue sí y no; en él no hubo más que sí. Pues todas las promesas hechas por Dios han tenido su sí en él" (2Cor. 1, 19). Nuestras palabras adolecen con frecuencia de autoridad, porque son sí y no; insinúan y empujan; están coloreadas por insinuaciones y ambigüedades, son portadoras de pequeños dardos y resentimientos. Tenemos que crear un silencio en el que puedan concebirse y compartirse palabras verdaderas.

¿Cómo podríamos redescubrir ese silencio en nosotros mismos y en nuestras comunidades? Según mi experiencia, no hay otro camino que tomarse sencillamente el tiempo para estar en silencio en la presencia de Dios cada día (cf LCO 66, II). Esta es la disciplina que he buscado y evadido, conseguido y dejado escapar desde que entré en la Orden. Paso la mayor parte del tiempo pensando en comida y en faxes. Para ese silencio contemplativo necesitamos la ayuda mutua. Necesitamos comunidades que nos ayuden a progresar en silencio tranquilo. Un monje budista dijo a Merton: *"Antes de que puedas meditar tienes que aprender a no dar portazos"*. ¡Los que viven cerca de mí saben que no domino aún ese arte! Toda comunidad necesita reflexionar sobre cómo puede crear tiempos y lugares de silencio.

No se trata del silencio depresivo del depósito de cadáveres que a veces encontrábamos en el pasado, un silencio que excluye a los demás. Ansiamos un silencio que nos prepare para la comunicación, más bien que para rechazarla. Es el confortable silencio que se produce antes y después de haber hablado, y no el silencio desagradable de quienes no tienen nada que decirse. Cuando era niño, mi hermano menor y yo íbamos con frecuencia a los bosques a buscar animales y pájaros. El secreto consistía en aprender a estar juntos en silencio. Era una comunión en una espera compartida. Ojalá podamos encontrarla nosotros mientras esperamos juntos la palabra que puede llegar.

3.3. El desierto de muerte y resurrección

Jesús nos llama a tener vida y a tenerla en abundancia. Esta es la Buena Nueva que predicamos. Pero hemos visto que al responder a esta llamada podemos encontrarnos caminado hacia el desierto. Como predicadores de la Palabra, podemos descubrir que no tenemos ninguna palabra que ofrecer, que nada tiene ya sentido. Como predicadores del amor de Dios, descubrimos que estamos afligidos, solos y abandonados. Como invitados a encontrarnos a nosotros mismos en la vida misma de Dios, nos confrontaremos con nuestra mortalidad. Somos criaturas y no dioses, y tenemos que morir. Entonces podemos gritar como los Israelitas a Moisés en el desierto: *"¿Acaso no había sepulturas en Egipto para que nos hayas traído a morir en el desierto?"* (Ex 14,11). Entonces debemos *"mantenernos firmes y no vacilar en nuestra vacuidad"*, confiando en que se dará vida.

¿Cómo podemos apoyarnos y animarnos mutuamente al hacer frente a la mortalidad? En primer lugar debemos estimularnos mutuamente con la libertad de Jesús. Sabiendo que el Hijo del hombre debía morir, se encaminó hacia Jerusalén. Es una libertad que constaté algunas veces en hermanos y hermanas, que daban sus vidas. Años antes de ser asesinado, fr Pierre Claverie, obispo de Orán, tomó el camino de Jerusalén. En 1994 dijo en un sermón: *"He militado por el diálogo y la amistad entre la gente, las culturas, las religiones ... Todo esto merece probablemente la muerte y estoy dispuesto a asumir el riesgo"*[48].

La libertad de Jesús ante la muerte tuvo su culminación la noche antes de morir, cuando tomó su cuerpo y lo dio a sus discípulos, un gesto de libertad sorprendente. Esto es lo que tenemos que hacer juntos de cara a la mortalidad. Recuerdo una mañana de pascua en Blackfriars, celebrando la eucaristía con un hermano que se estaba muriendo de cáncer. Toda la comunidad estaba agrupada en su habitación. Después bebimos un champán en honor de la resurrección. Recuerdo la eucaristía que celebré con los hermanos y hermanas en Irak hace unas semanas, esperando el ataque militar que se temía iba a tener lugar con seguridad. La eucaristía no debería ser el centro de nuestra vida común porque nos sentimos unidos ni para llegar a la ello. Es el sacramento de esa vida abundante que es puro don, el "pan de vida" que Domingo prometió que encontraríamos en la Orden. Lo recibimos juntos, ofreciéndonos mutuamente alimento para el desierto.

48. P. CLAVERIE, OP, *Sermón en la muerte del hno. Henri y de la hna. Paule-Helène*, en *La Vie Spirituelle*, octubre 1997, p. 764.

Vivimos el sentido de la eucaristía dejando que cada uno sea libre, contagiándonos mutuamente con la inconmensurable libertad de Cristo. Puede suceder esto en la pequeña libertad del perdón libremente otorgado, o permitiéndonos romper alguna vieja rutina de la vida, asumiendo un riesgo. Dejamos el control de nuestra vida. Como escribió el P. Lacordaire: *"Je vais où Dieu me mène uncertain de moi, mais sûre de lui"*. De todas esas maneras nos dejamos llevar por la fuerza arrolladora del Espíritu que procede del Padre y del Hijo, exclamando dentro de nosotros "Abba Padre". Como dice Eckhart, *"nosotros no suplicamos, somos suplicados"*. Cuando entramos en la libertad y espontaneidad es cuando estamos más vivos. Nos dejamos envolver por el movimiento, como un bailarín que se deja poseer por el ritmo y encuentra en él gracia y libertad.

La sabiduría danzaba en presencia de Dios mientas creaba el mundo. Santo Tomás dice que la contemplación de una persona sabia es como un juego, porque es agradable y porque se hace por sí misma. *"La seriedad implacable presagia una falta de virtud porque desdeña completamente lo lúdico, que es tan necesario para la vida humana como el descanso"* [49]. La abundancia de vida desemboca en el carácter alegre de quienes se han liberado del peso de ser pequeños ídolos. Podemos dejar a un lado esa terrible seriedad de quienes piensan que llevan el peso del mundo sobre sus hombros. Nuestras comunidades podrán ser entonces lugares en los que comencemos a conocer la felicidad del Reino. Santo Domingo, *nos junge beatis*. Júntanos a los santos, y que podamos vislumbrar su felicidad ya en esta tierra.

49. H. RAHNER, SJ, *Der Spielende Mensch,* coment. a la Etica a Nicómaco, IV, 1b 854, (Rhem Verly 1949).

8
Mensajes de Navidad

1992

"En aquellos días salió un edicto de César Augusto para que se empadronase todo el mundo" (Lc. 2, 1). María y José van a Belén por mandato del Emperador. Como todos los otros deben ser registrados. Deben someterse al deseo del poder que gobierna el mundo, que quiere registrar y tasar a todos sus súbditos. Su viaje es un símbolo de impotencia ante la más grande burocracia que la historia ha conocido hasta entonces.

Mientras tanto, Dios estaba suavemente obrando en los laberintos de la historia y llevando la madre embarazada al lugar donde Cristo debe nacer. Los burócratas estaban llevando, inconscientemente, al Señor de la libertad a su casa para nacer. El Dios de incontenible libertad estaba allí, realizando su proyecto invisible, como un luchador de *judo* que usa la fuerza del enemigo para conseguir su propio objetivo.

Tal vez, la tentación de nuestra época es el fatalismo, el creer que nada se puede hacer, que los poderes de este mundo son demasiado fuertes para nosotros. La mayor parte de los países en el Tercer Mundo están perdiendo la batalla contra la pobreza; en África la marea parece estar en contra del movimiento hacia la democracia; en Europa y América la recesión económica parece asentada y millones se resignan, ellos y sus hijos, a permanecer en desempleo. En Europa del Este viejas disputas surgen de nuevo, viejos resentimientos, que parecían superados, pasan de una generación a otra. ¿No se puede hacer nada? Se dice que las leyes de la economía, como las leyes de la naturaleza, son inmutables y debemos obedecerlas.

Incluso dentro de la Iglesia puede existir la tentación del fatalismo. ¿Pueden nuestras provincias renovarse y hallar el entusiasmo y la locura por el Evangelio que caracterizó nuestros orígenes? ¿Podemos transformar nuestras comunidades? Es fácil sentirse atrapados por el pasado, sin libertad para nuevas iniciativas. Y alguno de nosotros puede encontrarse personalmente en situaciones imposibles, en las que cualquier opción parece equivocada y nos sentimos prisioneros de nuestros propios errores. Fácilmente sentimos el cansancio de la edad y nos resignamos a "lo que tiene que ser".

Pero en este mes recordamos el nacimiento del Señor de la libertad, que mansamente cambió los poderes que deberían regir el mundo. En Navidad celebramos al Dios que siempre es joven, y que abre las puertas de la libertad donde nosotros podemos pensar que están cerradas. Es el Dios que es infinitamente creativo e inventivo y usa los hechos más inesperados para conducirnos a un lugar donde, inesperadamente, puede estar naciendo. Puede abrir nuestros caminos y hacer que sean senderos de libertad.

Los pastores van a Belén para "ver qué ha sucedido". El nacimiento de un niño pobre es sólo una pequeña cosa, nada impresionante y fácil de olvidar. Tal vez sólo gente pobre e insignificante como los pastores, considerados como ladrones y bandidos y mentirosos, son capaces de descubrir esto. El poderoso nunca lo lograría. Y si nosotros queremos ver "qué ha sucedido" debemos compartir su impotencia y procurar estar con la gente en sus momentos de pobreza, incertidumbre, crisis, e incluso de derrota. Entonces seremos capaces de ver las cosas pequeñas que suceden y que demuestran que el Señor ha nacido de nuevo, y compartiremos la alegría de los pastores. Pienso en una pequeña comunidad ecuménica, en Belfast, en la frontera entre los ghetos de católicos y protestantes, donde mujeres de ambos lados se reúnen a compartir sus penas.

Frei Betto, nuestro hermano, describe la noche de Navidad en una prisión en Brasil: "Noche de Navidad en prisión... Ahora toda la prisión está cantando, como si nuestro canto solo, feliz y libre, pudiera sonar en todo el mundo. Las mujeres están cantando en su sección y nosotros aplaudimos... Todos saben aquí que es Navidad, que alguien está naciendo de nuevo. Y con nuestro canto testimoniamos que también hemos renacido a la fe para un mundo sin lágrimas, odio u opresión. Es una satisfacción ver esas caras jóvenes apretadas contra las barras y cantando su amor... Inolvidable. No es grato para nuestros jueces, el acusador público o la policía que nos ha arrestado. Ellos encontrarían insoportable la belleza de esta noche. Los torturadores temen una sonrisa, incluso débil".

El poeta Yeats dice: "Cuando miramos dentro de la obscuridad, siempre hay allí algo que ver". Si nosotros miramos con bastante fuerza, podemos ver siempre las huellas del Dios de la libertad incontenible que está allí invitándonos a ayudarle a hacer cosas nuevas. Quizás allí hay sólo un pequeño signo, demasiado pequeño para la gente grande de este mundo, pero podemos aprender a mirarlo y a alegrarnos.

La noche en que terminó el Capítulo en la ciudad de México, celebramos una maravillosa Misa que reunió a toda la Familia dominicana. Era la última reunión antes de volver a nuestras provincias. Cuando volvíamos a casa, una familia se preparaba a pasar la noche bajo los árboles, a la intemperie. Los padres cambiaron las ropas a tres niños, los acariciaron, los metieron bajo las mantas, e hicieron para ellos una casa en la noche. No se sentían derrotados.

Deseando a todos la libertad que ayuda a realizar cosas nuevas.

1993

Comienza el Adviento. Mientras nos preparamos para la Navidad yo me encuentro en Burundi para acompañar a nuestros hermanos y hermanas que están atravesando un momento de horrorosos sufrimientos. Su país está dividido por un conflicto étnico entre los tutsis y los hutus, que dejó tras de sí no menos de 300.000 muertos probablemente. Es un momento especialmente penoso para la Orden, puesto que nuestros hermanos pertenecen a ambos grupos étnicos; pero a pesar de ello, se mantienen unidos con un valor y una esperanza dignos de admiración. Ayer hemos viajado hasta el centro del país donde tuvieron lugar algunos de los primeros asesinatos, para que los hermanos pudiesen visitar juntos a sus familias que están sufriendo. Este hecho de que pudiesen saludarse mutuamente a pesar de los enfrentamientos y del derramamiento de sangre de los días precedentes, fue un signo de la fuerza curativa del Evangelio de nuestro Señor, que "derribó el muro de la separación".

Hoy es el día primero de Adviento. En todo el país las Iglesias están realizando actos penitenciales como preparación para la venida de nuestro Señor. Pero, ¿qué puede significar su venida para este pueblo trágico y maravilloso?

Cuando Dios vino a nosotros era un niño desvalido, que dependía en todo de su madre, incapaz por sí mismo hasta de comer o vestirse. No debemos sorprendernos, porque Dios se mostró siempre así: vulnerable y a nuestra merced. No conoce nada mejor. El Génesis nos dice que Dios hizo del mundo un paraíso, su obra perfecta, pero aún así nos dejó libres de estropearla. Cuando se reveló a Moisés, le dijo su nombre. Los otros dioses mantienen en secreto sus verdaderos nombres, para no caer en manos de sus enemigos y perder su poder. Pero nuestro Dios fue vulnerable desde el principio. Permitió que usasen y abusasen de él. No quiso proteger su Templo, donde habita su nombre, y permitió que lo manchasen. Por eso no debemos sorprendernos de que la estrella se haya aparecido a los hombres sabios para llevarlos hasta un niño, cuyo nombre es Emmanuel, "Dios con nosotros" (Mt 1, 23). Desnudo nació y desnudo murió, como fue desde toda la eternidad. Fue precisamente a nuestros primeros padres a quienes él mismo vistió.

¿Qué puede significar Navidad en Burundi o donde quiera que nuestros hermanos y hermanas sufren violencia y desolación: en Angola, Haití o Croacia? La respuesta la encontramos sólo en un niño indefenso, que nació en un mundo salvaje cuya brutalidad se negó a trasmitir. Este es el signo de un Dios siempre fértil, que crea de la nada y resucita a los muertos.

¿Cómo podríamos atrevernos a adquirir la vulnerabilidad de este niño que estamos esperando? El primer paso estaría, sin duda alguna, en abrirnos los unos a los otros, estar atentos a los sufrimientos y heridas de los demás, a sus esperanzas y temores. Nuestras comunidades deberían ser escuelas de vulnerabilidad, donde aprendamos a despojarnos de nuestras máscaras y corazas para volver a ser sensibles. Parece que somos con frecuencia más capaces de compartir fuera que dentro de la comunidad. Puede parecer más seguro exponer nuestras convicciones o incertidumbres más profundas a aquellos con los que no tenemos que convivir. ¿Nos atrevemos a compartir nuestros sueños? Puede que sean demolidos fácilmente si los manifestamos, pero "cuando soñamos solos, es sólo un sueño. Cuando soñamos con otros es el comienzo de la realidad" (Georges Balandier).

Quizás como dominicos una de las más penosas y vitales –que quiere decir dar la vida– vulnerabilidades que tenemos que aprender sería la verdad de lo que nuestros hermanos y hermanas dicen o viven. No hay comunidad sin verdad. "La caridad se alegra con la verdad" (1 Cor 13, 6). Si un hermano tiene convicciones teológicas, políticas o morales contrarias a las nuestras, ¿nos atrevemos a pensar por un momento que pudiera tener razón, al menos parcialmente? Podría ser más fácil y seguro pasar en silencio las diferencias en nombre de la tolerancia mutua, lo cual muy frecuentemente es un eufemismo para significar que no queremos preocuparnos. Y precisamente es cuando deberíamos atrevernos a decir: "Vamos, cuéntame más". ¿Nos atrevemos a escuchar a una hermana que nos dice que es duro ser mujer en nuestra Iglesia? Seguro que es más cómodo tomarlo a broma para encubrir nuestra indiferencia. Como escribió el P. Couturier, "la indiferencia nos hace ciegos", es un desamor que nos cierra los ojos y los oídos.

Por encima de todo, ¿somos capaces de entrar en el silencio para poder oír al Padre que nos invita a compartir la indefensión de su Hijo hecho niño? ¿Nos atrevemos a escuchar a Dios, sin saber previamente los riesgos que quiere que asumamos? Sin esto, no puede haber predicación del Evangelio. Puede ser que nos atrevamos a tomar una postura pública hasta el punto de arriesgarnos a hacer el ridículo, o que escribamos un artículo en el que nuestras más profundas y frágiles convicciones pueden ser echadas por tierra. O puede darse que tengamos que arriesgar nuestras vidas como lo hicieron nuestros hermanos españoles del siglo XVII, que fueron a predicar al Extremo Oriente, sabiendo que probablemente morirían durante el viaje. Pienso hoy en nuestros hermanos que optaron por vivir en uno de los más violentos barrios de Caracas, Venezuela, afrontando la inseguridad personal día tras día.

Nunca se es tan vulnerable como cuando se expone uno al fracaso. Si se habla de algo muy personal con un hermano o una hermana a título de amistad, entonces se expone uno al riesgo de ser rechazado y a quedar desnudo y quizás desprestigiado ante sus ojos, mientras que ellos siguen invulnerables. Si comienza uno una nueva aventura, funda una nueva comunidad, asume ciertos riesgos, entonces ¿qué pasa si fracasa y aparece como un poco loco ante sus hermanos? "Te habíamos dicho que sería un desastre, que no podrías con ello". Este fue el riesgo que asumió Santo Domingo al enviar a los hermanos lejos de Tolosa. Se expuso a terminar con la frágil y pequeña comunidad que había comenzado.

Nos atrevemos a vivir en el peligro, podemos afrontar fracasos porque nuestro Señor recorrió este mismo camino antes que nosotros. Esta fue su maravillosa libertad. No hubo fracaso más total que la vida de Jesús. Vino para ofrecernos este amor perfecto e ilimitado de un Dios siempre vulnerable, y su ofrecimiento fue rechazado. Eso fue la cosa más ridícula: un amante despreciado. Fue su desnudez en la cruz. Ninguno de nuestros fracasos será nunca tan dramático como el suyo. Pero este fracaso nos abrió el camino para el inexpresable don de la vida eterna.

Lo que celebramos en Navidad es que no hay nada tan fértil y libre como este niño vulnerable. En El

Salvador vi cruces pintadas con vacas y conejos y flores. La cruz estaba pletórica de vida nueva, tal y como está representada en el ábside de nuestra iglesia de San Clemente en Roma. Y si nuestras vidas han de ser fértiles, tenemos que arriesgar caminando por este camino peligroso y deleitarnos en su libertad.

Comenzamos hoy a prepararnos para la Navidad, para la fiesta de nuestra comunión con Dios y con nuestros hermanos. Nos invita a descubrir que esta comunidad puede construirse, por la gracia de Dios, con lo que parece más árido. Ayer fui a visitar Gitega, centro de algunos de los asesinatos más execrables. 1.500 personas están cobijadas alrededor de la casa del Arzobispo. Hablé con un matrimonio que había perdido a todos sus hijos, excepto el más joven. Y me dijeron: "Gracias a Dios este es un campo mixto donde tutsis y hutus tienen que vivir juntos. Aquí rezamos juntos todos los días. Todos hemos sufrido. Puede que llegue a dividirnos un gran sufrimiento, pero si lo compartimos, puede unirnos". Puede ser incluso el comienzo de un nuevo Burundi y de un nuevo pueblo.

¡Feliz Navidad!

1994

La Familia Dominicana se reunió para celebrar el Día de Todos los Santos en Kigali, Rwanda, este año. La gente llegó con cierto nerviosismo a la iglesia, debido a los cientos de miles de personas que han muerto en las iglesias durante las masacres. Los frailes aún están recobrándose del último allanamiento del convento por parte de los soldados. Una vez más hemos perdido todo cuanto teníamos y ellos han sido amenazados de muerte. Las hermanas han sido trasladadas de Byumba, después de haber estado viviendo varias semanas entre ejércitos opuestos, con las bombas de una y otra parte, pasándoles por encima de las cabezas. Todos estaban como aturdidos con un pesar que era difícil expresar. Solamente entre las familias de nuestros fieles han muerto cerca de 500 miembros.

Celebramos a Todos los Santos juntos. Recordamos a todos los santos desconocidos y ocultos que dieron testimonio de Cristo durante la guerra y que aún lo hacen. Pienso en el sacerdote que se opuso a que sus parroquianos murieran a menos que él fuera asesinado primero, así que le dispararon delante de la iglesia, con la casulla puesta. Recordamos que aunque en el sufrimiento podamos sentirnos olvidados y solos, estamos rodeados de una gran nube de santos que son nuestra familia.

En la pared detrás del altar hay una hermosa pintura llena de luz de María y Domingo al pie de la cruz. Cuando Cristo es crucificado ellos están allí; no hay nada más que puedan hacer en ese momento. Aquí nuestros hermanos y hermanas y sus amigos se congregaron al pie de la cruz mientras todo un pueblo es crucificado. Se atrevieron a estar allí.

De regreso a Roma, hace unos días, en una iglesia un poco más grande, celebramos la beatificación de tres miembros de nuestra familia: Inés de Langeac, María Poussepin y Jacinto-Maria Cormier. Ellos son ahora *beati*, que significa "felices". Comparten ya la inmensurable alegría de Dios. Esta es la felicidad para la que todos hemos sido hechos. Este es nuestro destino, el éxtasis puro de la alegría.

En Kigali, el Día de Todos los Santos, era difícil creer en estas buenas noticias, que Dios nos ha prometido alegría, felicidad. La felicidad, no esa mera sensación pasajera que uno sueña para cuando el dolor y el pesar hayan terminado. La felicidad es nuestro estado natural. ¿Cómo podemos aferrarnos a esa profunda y central verdad?

Tagore dijo una vez que el nacimiento de un niño es un signo de que Dios todavía no nos ha abandonado. Uno de los frailes que ha trabajado en Rwanda durante 25 años me dijo que había perdido absolutamente todo lo que tenía. El trabajo de toda su vida se ha acabado, sus amigos han muerto y el país está en ruinas. Pero me envió una foto suya en la que aparece con dos bebés en los brazos. En el reverso de la foto escribió: "África tiene futuro". Estos bebés son sacramentos de una promesa. Son capaces de reír.

Celebremos en Navidad que hay otro bebé que ha nacido y este bebé nos da la fuerza para decir: "la Humanidad tiene futuro". Cuando este niño Jesús nace, los cielos se abren y vemos a los ángeles cantando de alegría. En este momento vemos lo que es el futuro de la humanidad, la felicidad.

Ese niño terminará en una cruz y continúa siendo crucificado en todo el mundo. Pero abrazó el barrote de esa cruz y con él rompió las prisiones y abrió las tumbas, demolió las armas de la guerra y la violencia y nos conducirá riendo a un mundo donde todos conoceremos la inmensurable alegría de Dios.

¡Feliz Navidad!

1995

En aquel tiempo apareció un decreto de César Augusto mandando que todo el mundo se empadronase. Este primer censo tuvo lugar siendo Cirino gobernador de Siria. E iban todos a empadronarse, cada uno a su ciudad de origen. José subió de Galilea, de la ciudad de Nazaret, a Judea, a la ciudad de David que se llama Belén, por ser él de la casa y de la familia de David, para empadronarse con María, su esposa, que estaba encinta (Lucas 2, 1-5).

El Salvador del mundo nace en Belén por la decisión del Imperio Romano de hacer un censo y así cobrar impuestos a sus súbditos. Es el símbolo del poder del gran Imperio que puede contar a su gente, ponerlos en una lista y asegurarse de que paguen sus impuestos. Es este poder de control de poblaciones enteras el que trae a Jesús al lugar donde debe nacer. Sin embargo, la buena noticia no se da a ningún oficial del Imperio sino que es anunciada por los ángeles a los pastores. Ningún Imperio, por poderoso que sea, puede contar a los ángeles del cielo y hacerles pagar impuestos. Y los pastores eran gente marginada, en la que no se puede confiar, que vivían al margen de la sociedad y que probablemente tampoco se incluían en el censo. Eran personas invisibles, como lo son los pobres bajo los puentes de París con quienes nuestro hermano Pedro celebra la Navidad cada año.

Así que la incontable multitud del cielo anuncia la buena noticia a aquellos que no cuentan y que no se cuentan. Es como si todo el poder y la gloria del Imperio fuera un pequeño espectáculo lateral ante el drama real entre Dios y su pueblo, como una función de marionetas que se lleva a cabo en un rincón mientras la acción verdadera sucede en otra parte.

Si vamos a escuchar la buena noticia anunciada a los pastores, debemos liberarnos de la mentalidad de aquellos que cuentan y numeran a los seres humanos para dominarlos y usarlos. No estoy sugiriendo que destruyamos los archivos Provinciales y dejemos de pagar los impuestos de la Orden. Pero hay muchos otros medios por los que podemos ser tentados de numerar y clasificar, incluso a nuestros hermanos y hermanas y tratar de tenerlos bajo control o minimizarlos. Debemos aprender las extrañas matemáticas de Dios, porque el amor no se puede contar como el dinero. Si uno tiene seis hijos, no recibe cada uno de ellos una sexta parte de nuestro amor sino que a cada uno se lo damos todo.

¿Medimos lo que damos? ¿Es nuestra generosidad calculadora, evaluando lo que vamos a recibir en recompensa o vivimos a veces esa generosidad imprudente y loca de Dios que da sin pensarlo, "una buena medida, apretada, colmada, rebosante" (Lc 6:38)? ¿Esperamos una buena tasa de "interés" por nuestra bondad? ¿Llevamos mentalmente las cuentas de deudas y créditos, perdonando una vez o setenta veces siete? ¿Mesuramos nuestros regalos, juzgando si la otra persona es digna y si hará buen uso de lo que le ofrecemos, o damos a lo loco, como nuestro Dios? Jesús nos dice que invitemos a nuestra casa a los pobres, a los enfermos, a aquellos que no tienen nada con qué correspondernos. Cuando vemos la miseria de incontables pobres en las calles de Calcuta, los innumerables muertos sepultados en fosas comunes en Ruanda y Bosnia, qué podemos esperar sino una generosidad que es inconmensurable y que no tiene límites.

¿Calculamos qué tanto valen nuestros hermanos y hermanas? ¿Nos fijamos más en los títulos que tienen o en los salarios que reciben? Me encontré hace poco con un hombre que me preguntó cuánto pensaba yo que él valía. Yo creí que estaba pasando por una crisis de identidad... ¡Pero lo que él estaba pidiéndome era sencillamente que adivinara cuánto ganaba! ¿Se respeta más al miembro de la comunidad que gana más y que contribuye más a su economía? Nunca he leído que Jesús ganara un centavo y la moneda de la pobre viuda fue más digna que todo lo que los demás daban de lo superfluo. Cuando consideramos un proyecto, ¿nos preocupamos demasiado de si es o no económicamente viable? ¿Tomamos en cuenta quién está de nuestra parte y quién está en contra de nosotros? ¿Calculamos el equilibrio de fuerzas y la distribución de votos en la comunidad? ¿Estimamos quién pertenece a "ellos" y quién es de los "nuestros"? Pero Jesús dio la vida por aquellos que no estaban de "su parte", le traicionaron y declararon que no lo conocían. La Eucaristía es un don incalculable.

Que esta Navidad nos libere de todos esos cálculos mezquinos, para que podamos descubrir la loca libertad de Dios que da sin medida. Las matemáticas de Dios no son como las nuestras. El da a una pareja de ancianos estériles descendientes tan numerosos como la arena de las playas y les dice: "Miren al cielo y cuenten, si pueden, las estrellas. Así de numerosa será vuestra descendencia" (Gen 15: 5). Nuestro Dios da a cada olmo seis millones de hojas. Es una gloriosa extravagancia el enviar a toda una multitud de ángeles a anunciar la buena nueva a los pastores cuando para un Dios más económico habría bastado con uno sólo. Es cierto que el Evangelio dice que Dios cuenta cada cabello de nuestra cabeza, pero como aprendimos en un sermón durante el Capítulo General, eso es un símbolo del conocimiento y de la infinita ternura de Dios, como la de una madre para con su hijo.

El rey David hizo un censo. Se atrevió a contar a aquellos que habían sido hechos a imagen y semejanza de Dios y fue castigado. Cualquier cultura que vea a sus miembros como sujetos que pueden ser numerados y controlados puede llegar a privarlos de su humanidad. Primo Levi escribió a su llegada al campo de concentración de Auschwitz en 1944: "Nada pertenece a nadie, nos han quitado nuestra ropa, nuestros zapatos, incluso nuestro cabello; si hablamos no nos escuchan y, si nos escuchan, no nos comprenden. Nos han quitado hasta el nombre... Mi número es el 174517; hemos sido bautizados, llevamos el tatuaje en el brazo izquierdo hasta que muramos".

Cuando murió aquel cuyo nacimiento hoy celebramos, se podían contar sus huesos. Pero él venció a la muerte.

1996

«Y el Ángel se apareció a los pastores y les dijo: "No temáis, os anuncio una gran alegría, que lo será para todo el pueblo: os ha nacido hoy, en la ciudad de David, un salvador, que es el Cristo Señor. Y esto os servirá de señal: encontraréis un niño envuelto en pañales y acostado en un pesebre"» (Lc 2: 9-12).

El ángel aparece y anuncia el nacimiento del Salvador. Aquel que conducirá a su pueblo a casa. Reunirá a todos los dispersos por el exilio, incluso a los pastores despreciados. Él es el Hijo de David, el Fuerte que habían estado esperando. Aquel de quien Job había dicho: "Si recurrimos a la fuerza, ¡él es el Poderoso!". Pero es un poder extraño porque toma la forma de un niño vulnerable que será más tarde un hombre herido. Es ésta la fortaleza de quien rehúsa devolver mal por mal o construir una casa para su pueblo por medio de la fuerza. Fue suficientemente fuerte para romper la cadena de violencia en la que cada acto de agresión debe ser pagado con otro igual. Eso parece ser una fuerza pero no es más que una parodia: la pasividad repetitiva y tonta del débil que sólo actúa por reacción. En Cristo esa violencia se detiene para que algo nuevo pueda brotar.

He visto tal fortaleza este año en la vida y la muerte de nuestro hermano Pierre Claverie, obispo de Orán, en Argelia. Fue sin duda un hombre fuerte, que luchó para construir un hogar en su país para todos, cristianos y musulmanes. Pero era la fuerza de Cristo niño. Habló libremente rehusando protegerse a sí mismo. Vivía en medio de su pueblo sin guardias, conduciendo todos los días por toda su Diócesis sin saber si aquel día podía ser asesinado. Estuve en el lugar donde murió, unos pocos días después del asesinato. La bomba había explotado en la puerta y las paredes estaban cubiertas con su sangre y con la de Mohammed, el chófer musulmán que murió con él. Los zapatos de Mohammed estaban aún en uno de los rincones.

Un bello himno, atribuido a san Patricio, empieza con las palabras: "Llevo hoy en mi interior el poderoso nombre de la Trinidad". Este es el nombre poderoso que nosotros predicamos, el de quien construye el Reino donde estaremos todos en casa. Esta es la fuerza por la que vivimos y de la que hablamos. Pero no podemos hacerlo a menos que aprendamos de la ternura y la vulnerabilidad de Cristo. Nuestras comunidades no pueden ser fortalezas que nos protejan de los sufrimientos del pueblo que nos rodea.

¿Y dónde podemos empezar a aprender esa vulnerabilidad sino en nuestras comunidades, unos con otros? Es aquí donde debemos crecer en fuerza no para devolver una palabra áspera con otra igual, no para ser un eco débil y repetir las pequeñas espinas e injusticias de las que nos sentimos ser víctimas. Aquí, en casa, debemos aprender a vivir sin la armadura del guerrero, con una especie de indefensión de unos para con otros, con una magnanimidad que nos fije en pequeñeces. Entonces podremos ser mensajeros de las cosas nuevas que Dios está realizando.

El Viernes Santo, cuando nos preparamos para venerar la cruz en la que ese niño debía morir, cantamos las alabanzas a Dios, "Santo y Poderoso". Que Dios nos conceda la gracia, en esta Navidad, de crecer en esa fuerza paradójica. ¡Feliz Navidad!

1997

En 1229, Jordán de Sajonia, sucesor de santo Domingo, escribía a la Beatà Diana de Andaló para felicitarla con motivo de la Navidad: *"De momento no tengo tiempo para escribir una carta tan larga como tu amor quisiera y como yo hubiera deseado. No obstante, te escribo y te mando la Palabra pequeñita y acurrucada en el pesebre, que se ha hecho carne por nosotros... Te mando también otra palabra breve y pequeña, que es mi amor, que satisfará las exigencias de tu amor y hablará en mi favor en lo íntimo de tu alma. Que esta palabra sea también tuya y que permanezca contigo para siempre"*.

Jordán le envía la Palabra hecha carne en un pesebre y, como un débil eco de esta Palabra, como una pequeña encarnación, le envía su propia palabra de amor.

Dios viene a nosotros para compartir nuestras vidas, no como un individuo solitario sino como una persona que nace en una familia. No se puede ser humano a solas. Dios toma forma humana en el seno de una gran familia, con una madre, con tíos, tías y primos, con amigos y vecinos. Nosotross, predicadores de esa Palabra, tampoco podemos ser predicadores a solas: necesitamos tener hermanos y hermanas. La Palabra que predicamos debe encontrar un pequeño nacimiento, una pequeña encarnación en las palabras que intercambiamos mutuamente, palabras de amistad.

La palabra que Jordán envía a Diana es un don, el don de sí mismo: *"Que esta palabra sea tuya y permanezca contigo para siempre"*. La Familia Dominicana no significa nada a menos que se funde en un intercambio de dones, ofrecidos con amor, por la predicación del Evangelio. Ayer, el Consejo Generalicio se reunió con representantes de las fraternidades laicales europeas; mañana, nos reunimos con el Consejo Coordinador de la Internacional de Hermanas Dominicas (DSI). Apenas hemos empezado, con dificultad, a imaginar lo que podríamos hacer juntos. ¿Aceptamos los dones que podemos ofrecernos mutuamente y que podrían transformar nuestra predicación en el umbral del próximo Milenio?

Ningún don dignamente recibido nos deja indiferentes. El Hijo de Dios nacido en Belén se muestra pequeño e indefenso –*"una pequeña palabra, la Palabra pequeñita y acurrucada en el pesebre"*– y sin embargo convulsionó totalmente nuestras vidas. Si aceptamos los dones que llegan a nosotros a través de nuestros hermanos y hermanas, religiosos y laicos, habrá en nosotros un cambio profundo. También la manera en que predicamos y lo que predicamos será transformado. Esto será a veces doloroso e incómodo, oiremos cosas que preferiríamos no oír. Sería más fácil continuar como estábamos. Pero este cambio hará de todos nosotros, juntos, verdaderos predicadores de palabras de gracia. Feliz Navidad.

9
Palabras de camino

1. Hacer del extraño un hermano*

Es un gran honor para el Capítulo General de la Orden ser recibidos por todos vosotros en la ciudad de Palencia. Hace ochocientos años vuestra ciudad dio la bienvenida a santo Domingo y ahora nos la dais a nosotros, sus hijos y sus hijas. Gracias. También es una feliz coincidencia que las lecturas de hoy nos hablen de cómo recibir a los visitantes. Abrahán acoge a los tres hombres en su tienda, y María y Marta ofrecen su hospitalidad a Jesús.

Hace unos pocos años viajaba en autobús cerca de la frontera entre Turquía e Irán. Allí es donde viven los kurdos. Ahora es imposible visitar la zona, ya que, con frecuencia, se tiende a secuestrar a los extranjeros. Un día el autobús se averió, como suele ocurrir, y me fui a dar un paseo solo. Vi un campamento de kurdos. Y siendo, como siempre, curioso, fui a verles. Cuando llegué, encontré a todas las mujeres en círculo en medio de las tiendas, haciendo pan. Se quedaron asombradas al verme. No pudimos hablar ni una palabra, ya que mi kurdo es incluso peor que mi español. Pero me hicieron sentar, tomaron el pan y lo partieron, y lo compartieron

* Homilía en la iglesia conventual de San Pablo (Palencia), el 23 de julio de 1995, con ocasión de la visita del Capítulo General de la Orden. Domingo XVI C (Gn 18, 1-10a y Lc 10, 38-42).

con este extranjero alto y blanco. Compartimos aquel pan caliente, un acto de comunión.

Debe haber sido muy cerca de allí donde Abrahán se sentó en su tienda cuando vio venir a los extranjeros y los acogió. Les preparó una fiesta, tratándolos como si fueran reyes. Éste es uno de los actos más antiguos e importantes de los seres humanos en todo el mundo, dar la bienvenida al extraño. ¿Por qué se hace esto?

Primero, porque cualquier día tú mismo puedes ser un extraño y necesitar ayuda. En el desierto, el que viene de fuera necesita ayuda. Un día tú mismo puedes también perderte en el desierto. La Biblia dice: acoged al extranjero, porque también vosotros fuisteis una vez extranjeros en la tierra de Egipto.

Hay una famosa canción que cantamos en Inglaterra y que explica por qué debemos cuidar a los extraños si no queremos estar solos. Cuenta que cuando, en la Segunda Guerra Mundial, la Gestapo perseguía a los judíos, yo no decía nada, porque yo no era uno de ellos. Y después, persiguieron a los gitanos, pero yo me quedé callado. Y después persiguieron a los homosexuales, y yo mantuve mi boca cerrada. Y, cuando vinieron a buscarme, ya no quedaba nadie para hablar en mi defensa.

Pero, lo que es más importante todavía: debo acoger al extraño porque él o ella es el símbolo de Dios. Cuando recibo a un extraño, es a Dios a quien estoy abriendo mi casa. Y siempre que Dios viene a visitarnos de esta manera, desestabiliza nuestras vidas. Abrahán estaba sentado en su tienda esperando pasar una tarde tranquila y apacible con Sara cuando aparecieron los extranjeros que necesitaban alimento, rompiendo así la paz y la tranquilidad. Cuando Dios llega hasta nosotros en los extraños, nuestra vida da un vuelvo, la pone "patas arriba".

La semana pasada, mientras me dirigía a Caleruega por carretera, vi miles de pequeñas furgonetas que iban en dirección opuesta, que llevaban argelinos y marroquíes a su casa. Viajan a través del país, sin parar apenas. Son los descendientes de Abrahán, con sus camellos. Abrahán fue recibido con la misma sospecha con que ahora lo son estos nuevos nómadas de nuestro tiempo. Europa está plagada de gente que camina, de sur a norte, de este a oeste. Cientos de miles de extranjeros llegan a nuestra tierra, buscando casa y trabajo, desde Vietnam, Albania, Europa del Este y África. Con frecuencia, padecen hambre y persecución en otra parte. Ellos son Cristo, que llama a nuestra puerta. ¿Los acogemos?

Si lo hacemos, eso complicará nuestra vida. Nos molestarán y cambiarán nuestra forma de vivir. Cuando santo Domingo era estudiante en Palencia, hubo una hambruna. Eso le llegó al alma, y vendió sus libros para alimentar a los hambrientos. Vendió las pieles muertas para que las pieles vivas pudieran vivir. Los libros era lo más importante y preciado que él tenía. Un libro, en aquellos días, tenía el valor equivalente a un caballo y hoy equivaldría a un coche de segunda mano. Pero se dejó complicar la vida por aquellos extraños, que son Cristo entre nosotros.

El secreto de la hospitalidad verdadera no es sólo dar de comer al extraño, sino escuchar lo que dice, aceptarle tal y como es. Cuando Jesús va a la casa de Marta y María, Marta se molesta porque ella tiene que ir de un lado para otro preparando la comida. Piensa que María está realizando la parte más fácil, simplemente sentada y escuchando. Pero eso no es verdad, porque, ante un extraño, lo más difícil es escuchar lo que tiene que decir. Darle bebida y comida lleva tiempo, pero cuando se va, tu vida puede continuar como hasta entonces. Por el contrario, si le escuchamos, ya nunca podremos ser los mismos. Si escuchas a Jesús, puede pedirte que abandones tu casa y le sigas.

Cristo llega hasta nosotros en los extraños que piden que les escuchemos y les acojamos. Esto ocurre incluso en nuestras propias familias. A veces, un hijo, o el marido, o la esposa pueden parecernos extraños a quienes ya no entendemos, pidiéndonos que abramos nuestros oídos. Imaginaos a un hijo o a una hija que vuelve de estudiar en Madrid. Estamos deseando que vengan, pero cuando llegan, pueden parecernos extraños. Han cambiado. Podemos darles comida y bebida, pero ¿nos atrevemos a escuchar lo que dicen? ¡Puede ser demasiado molesto! ¡Es más fácil llenar sus bocas que abrir nuestros oídos!

Es el mismo reto que tenemos en nuestro Capítulo General. Hay hermanos y hermanas de todo el mundo. Podemos compartir la comida y la bebida, podemos cantar juntos, pero ¿nos atrevemos a escuchar, como María lo hizo con Jesús? Pueden pedirnos que demos nuestras cómodas vidas y cambiemos. Pueden pedirnos dejar Roma a Madrid o Nueva York e ir a un lugar violento, donde nuestras vidas correrán peligro.

Escuchar es peligroso. Muchas cosas de nuestra religión parecen muy piadosas. Vamos a misa, rezamos oraciones, recitamos novenas y preparamos flores para la iglesia. Todo esto son cosas buenas, sin embargo debemos tener cuidado de que no sustituyan la escucha de Dios, el extraño peligroso. Podemos tratarle como un invitado al que hacemos una fiesta, como Marta, pero realmente ignorarle.

Nosotros, los dominicos, pertenecemos a la Orden de Predicadores. Deberíamos atrevernos a decir palabras que molesten a la gente, y pongan sus vidas "patas arriba". Cuando Jordán de Sajonia, sucesor de Domingo como Maestro de la Orden, predicaba, las madres solían encerrar a sus hijos. Era peligroso escucharle, porque sus hijos podían irse y entrar en la Orden.

Hace un par de semanas estuve en Leipzig. Antiguamente era parte de la Alemania Comunista del Este. Había una iglesia en el centro de la ciudad, que era un lugar de oración y buena predicación. Era conocida como la iglesia de los dominicos. Las palabras de los predicadores eran tan poderosas que el alcalde comunista decidió finalmente volar la iglesia. Era una amenaza al sistema político.

Palentinos, gracias por vuestra hospitalidad, la de toda esta Familia Dominicana, la de esta comunidad de San Pablo y la de todos los que habéis querido participar en nuestra celebración de hoy. Es maravilloso venir a esta ciudad de la juventud de Domingo. Espero que compartamos comida y bebida, pero también algo más. Espero que podamos dejarnos afectar mutuamente en nuestras vidas, y que encontremos a Cristo en los otros.

2. Enséñanos a orar*

Es una gran alegría para todos los miembros del Capítulo General de Caleruega haber podido venir a Burgos y celebrar con vosotros esta Eucaristía. Tenemos algo en común: la figura de santo Domingo. Para vosotros patrón de vuestra provincia, para nosotros el fundador de nuestra Orden. Por ello podemos pediros que recéis por este Capítulo General. Pedid para que tengamos el coraje suficiente como para seguir sus mismos pasos.

¿Cómo rezamos? En el Evangelio de hoy los discípulos piden a Jesús: "Enséñanos a orar". Es una petición frecuente hoy, especialmente entre los jóvenes. Los libros religiosos que más éxito tienen se refieren a la enseñanza de cómo rezar, a las técnicas de meditación,

* Homilía en la iglesia parroquial de Santo Domingo, de Burgos, el 30 de julio de 1995. Domingo XVII C (Lc 11, 1-13).

a cómo practicar el zen budista, cómo rezar el Rosario o los nueve modos de orar de Santo Domingo.

Los discípulos, sin embargo, no piden a Jesús técnicas o fórmulas especiales. Le piden algo bastante más radical. Le dicen: "Enséñanos qué tenemos que pedir a Dios. No sabemos lo que necesitamos. No sabemos bien lo que queremos. Muéstranos los deseos más íntimos de nuestros corazón".

Con frecuencia consideramos la religión como algo que controla nuestros deseos. Sentimos deseos de hacer cosas indebidas y la Iglesia nos dice lo que está prohibido. La religión nos ayuda a controlarnos. Por eso, con frecuencia, consideramos a una persona religiosa como alguien que no desea muchas cosas, que se conforma con lo que tiene.

Sin embargo lo que se levanta entre Dios y nosotros es, a menudo, el hecho de que nuestros anhelos son demasiado pequeños, demasiado triviales. Nos conformamos con poco. La oración de Jesús a Dios, nuestro Padre, nos invita a tener deseos, anhelos profundos, apasionados, por la llegada del Reino, anhelo por un mundo donde todos los hombres tengan con qué alimentarse y donde nadie pase hambre. En este momento puedo estar esperando con anhelo más mis vacaciones que la llegada del Reino de Dios, pero cada vez que rezo el Padre Nuestro éste me trae a la memoria un anhelo profundo, algo que tal vez tengo olvidado, y es que no se trata sólo de descansar durante dos semanas sino de que toda la humanidad pueda descansar en Dios. La oración nos pone en contacto con los anhelos más intensos y profundos del corazón humano.

Por supuesto, tenemos que pedir por las pequeñas cosas de cada día, por las vacaciones, para aprobar un examen, para que se nos cure un catarro. Si es esto lo que necesitamos, pidamos por ello, de lo contrario nuestras conversaciones con Dios serían muy aburridas, estaríamos hablándole de cosas que no significan nada para nosotros. Pero recordemos que cada vez que decimos la oración de Jesús se nos dice que tenemos que educar el corazón ya que, como les ocurría a los discípulos, todavía no sabemos qué es lo queremos en lo más profundo de nosotros mismos.

Dice Jesús: "Pedid y recibiréis; llamad y se os abrirá". Nuestra oración no quedará sin respuesta. Todo esto va en contra de lo que nuestra sociedad vive, ya que ella tiende a ser profundamente fatalista. Nuestro mundo es un mundo con pocos sueños, con pocos anhelos. Supone que pocas cosas se pueden cambiar. Si nos fijamos en la pobreza, el hambre, o el paro, vemos que la mayoría de los Gobiernos lo ven con impotencia. Cuando rezamos la oración de Jesús, estamos manifestándonos contra ese fatalismo. "Venga a nosotros tu Reino". Dios puede volver este mundo del revés y hacer un mundo justo donde todos tengan su pan cada día. El Padre Nuestro es un acto de esperanza, es un rechazo a aceptar el pesimismo de este mundo.

Podéis preguntar: ¿Por qué pedimos a Dios que cambie este mundo? Somos personas adultas y modernas. ¿No es responsabilidad nuestra construir un mundo mejor? ¿Por qué pedir a Dios que solucione nuestros problemas? ¿No es esto falta de madurez?

Para responder diremos, antes de nada, que en la oración aceptamos los dones de Dios. Todo es un regalo de Dios: el mundo, nuestras vidas, también nuestra existencia es un regalo de Dios. Si rezo para conseguir una manzana cuando tengo hambre, si de repente encuentro una la veré como un regalo de Dios. Sin embargo todas las manzanas del mundo son regalo de Dios, incluso la que compro en una frutería. Quien reza y pide a Dios sus dones, está sencillamente siendo realista. En la oración reconocemos el mundo tal cual es: puro regalo.

En segundo lugar, Dios normalmente responde a nuestras oraciones a través de nosotros mismos, a través de ti y de mí. Tú puedes ser la respuesta a mi oración. Ved un ejemplo: la semana pasada me dolía bastante la espalda. Me costaba incluso caminar. Fui a pedirle a Dios que me ayudara en mi dolor. De repente apareció la Hermana Vianney Link y me dio una especie de ungüento que alivió mis dolores. Dios respondió a mi oración, como si hubiera sido un milagro, pero lo hizo a través de la Hermana Vianney Link. Esta hermana fue la respuesta a mi oración.

Por eso, cuando rezo, puede que Dios quiera responder a esa oración a través de mí mismo. Pedimos por un mundo más justo donde no haya hambre. Puede que Dios desee que yo sea parte de esa respuesta a mi oración. Por eso decimos que la oración puede ser arriesgada, peligrosa, porque Dios puede responder a esa oración exigiéndome que haga algo.

No deberíamos rezar si no estamos dispuestos a implicarnos en la respueta. Esa es la razón por la que la oración es como una bomba. Debería ser manejada con cuidado. Cuando termine esta homilía pediremos a Dios para que la Iglesia sea una Iglesia misionera, que vive el Evangelio con ardor y entrega. Y todos responderemos diciendo: "Te rogamos, óyenos". Dios escuchará esa petición y la responderá; tal vez lo haga por medio de ti. Puede que eso signifique que tengas que dejar tu comodidad y marchar a predicar el Evangelio.

Luego diremos: "Por todos los pobres, por los marginados, para que experimenten que son preferidos por cuantos seguimos a Jesús de Nazaret". Cuando recemos esto estaremos pidiéndole a Dios que cambie nuestras vidas, que las vuelva del revés y ponga a los pobres y marginados en el centro de la comunidad. Estamos pidiendo dejar el lugar privilegiado que ocupamos. Estas palabras se dicen con facilidad, tal vez sin pensarlo demasiado. Sin embargo, la respuesta a esta oración debería transformar nuestras vidas.

En este capítulo pedimos ser capaces de redescubrir la verdadera pobreza. Pedimos por la misión de los dominicos en Rusia, en Asia. La respuesta a esa oración por parte de Dios puede significar que yo tenga que convertirme en pobre, dejar mi Provincia y marchar a Moscú o a China. La oración, por eso, es peligrosa, arriesgada.

En todo el mundo los cristianos rezamos el Padre Nuestro. Cientos de millones de personas rezarán esta oración este domingo. Parece fácil hacerlo. Sin embargo, esta oración es nuestro rechazo a aceptar el fatalismo de nuestra sociedad. Es nuestro rechazo a todo pesimismo y resignación. El Padre Nuestro es la gran oración de la esperanza para la transformación de nuestras vidas. Dios, ciertamente, escucha esta oración y con seguridad, también responderá.

3. Luz de la Iglesia*

Es realmente un placer poder compartir con todos vosotros esta fiesta de santo Domingo. El es hijo de Caleruega. Nosotros somos sus hermanos. Por tanto no hemos vuelto al hogar de santo Domingo. Hemos regresado a nuestro propio hogar. Ha sido, desde luego, una gran alegría pasar estos días aquí, con todos vosotros. Debo confesaros, sin embargo, que antes de venir aquí, yo pensé (también lo pensaron otros muchos hermanos): "¿qué habrá que hacer o ver en Caleruega? Después de unos pocos días seguro que estaré ansiando escapar...". Tengo que reconocer que estaba equivocado. En realidad,

* Homilía al pueblo de Caleruega en la eucaristía de clausura del Capítulo General de Definidores (8 de agosto de 1995, fiesta de Santo Domingo de Guzmán).

todos hemos acabado amando a Caleruega, a sus gentes, a sus campos. He de daros las gracias por todo.

También hemos aprendido a comprender un poquito mejor a santo Domingo y cómo él es ciertamente el sol de Caleruega y de sus tierras. Es verdad que desde entonces los campos han cambiado. Se talaron la mayoría de los árboles para construir la Armada Invencible y así atacar a Inglaterra. Pero no tengáis miedo. No voy a hablar de eso ahora.

Lo que ciertamente no ha cambiado es el sol, la luz. Santo Domingo es un hombre de sol, de luz. A menudo se le llama "Lumen Ecclesiae", luz de la Iglesia. Castilla es un lugar de luz. La otra noche me invitaron a una bodega, allá arriba, en la Peña de San Jorge. Nos sentamos a disfrutar vuestro buen vino y a ver la puesta del sol. Todo el campo reverberaba de color, lleno de luz. Había una claridad extraordinaria en la atmósfera. Cuando el sol se puso, por toda la Peña vimos extenderse las luces de las parrillas.

Incluso las flores de vuestros campos, los girasoles, siguen al sol, buscando la luz. Cuando los veo ordenados en sus hileras, me hacen pensar, a menudo, en los frailes del Capítulo General, sentados en sus bancos en la Sala de Plenos. También nosotros estamos aquí para buscar la luz. En esos momentos casi esperaba ver a una de las flores levantar una hoja y pedir la palabra: "Numero due cento tredeci. Parlo in italiano"... También me he dado cuenta de que cuando estos girasoles se hacen viejos y pesados, ya no se vuelven hacia el sol. Esperan a que sea el sol el que llegue hasta ellos. Así podemos ser también nosotros.

Santo Domingo fue un hombre de luz, Luz de la Iglesia. Quiere decirse que vio las cosas con claridad. Vio las cosas como son, en toda su belleza y en toda su fealdad. Se decía de él que durante el día estaba lleno de alegría, reía con sus frailes, y por la noche rezaba solo y lloraba. Era un hombre de gran alegría y de profundas penas. Que son, de alguna forma, la misma cosa ya que él veía el mundo tal como es, tal como Dios lo ve, totalmente bueno y maravilloso y, sin embargo, crucificado. Para todos nosotros el reto de este Capítulo ha sido el intentar convertirnos en hombres de luz, hombres que ven las cosas como son, para compartir las penas y las alegrías de Domingo.

No he conocido jamás un Capítulo tan rico en alegría y en fiesta. Seguro que con frecuencia habéis oído el sonido de los cantos, de la fiesta. Hemos bailado y cantado con vosotros aquí cerca, en la plaza. Es una vieja tradición dominicana. El beato Jordán de Sajonia, sucesor de Santo Domingo, entró una vez en la iglesia y encontró a los novicios riendo a carcajadas. Un fraile viejo les mandó callar. Entonces el Beato Jordán se acercó y les dijo: "Reíd, queridos, reíd fuerte y no dejéis de hacerlo por él. Os doy permiso para reír, puesto que Cristo os ha hecho libres".

Domingo fue un hombre sonriente, alegre, ya que él veía a las personas como Dios nos ve, con nuestra belleza y bondad inefables. Cuando Dios hizo el mundo, vio que todo era bueno y aquella bondad está siempre ahí, aunque oculta y soterrada. El peor criminal, la persona más depravada, tiene una bondad profunda, una belleza que permanece escondida, incluso para ellos mismos, pero que Dios ve y ama. Ese fue el secreto de la alegría de Domingo. Por eso se decía de él que "porque amaba a todos, de todos era amado".

No hace mucho uno de los frailes aquí presentes explicaba en un bonito sermón cómo Dios cuenta cada uno de los cabellos de nuestras cabezas. Explicaba él que esto no es algo del conocimiento de Dios. Se trata de su ternura, la ternura de una madre que conoce, que lava y ama el cabello de su bebé. Esta es la ternura y la alegría que debemos aprender los unos para los otros.

Pero Domingo lloraba por las noches. Lloraba por toda la miseria, el sufrimiento y el pecado de este mundo. El solía gritar: "Oh Dios, qué será de los pobres pecadores?". ¿Nos atreveremos nosotros a mirar a la cara el dolor del mundo? ¿Somos tan valientes como para dejarnos afectar por todo lo que está ocurriendo en Bosnia o en Ruanda? Recuerdo haber visto al llegar a la Estación de tren de Calcuta a todos los mendigos esperando a los pasajeros para lanzarse con sus muñones y deformidades hacia ellos. Fue algo demasiado duro de contemplar, demasiado fuerte para tolerarlo. Cerramos, pues, nuestros ojos y nos alejamos tan pronto como pudimos. ¿Nos atrevemos a mirar las penas de nuestros amigos o, por el contrario, cuando ellos comienzan a hablar cambiamos de tema? Después de la guerra, muchos de los que regresaron de los campos de concentración descubrieron que cuando ellos comenzaban a contar lo que habían vivido, nadie solía escucharlos. Nadie deseaba conocer aquellas cosas.

¿Nos atrevemos a encarar nuestras propias tristezas, las heridas y llagas escondidas en nosotros? ¿Nos atrevemos a sacarlas a la luz, a la luz del sol? Este ha sido uno de los deseos de los frailes en este Capítulo, sacar con sinceridad nuestras propias vidas a la luz. Hay una antigua plegaria de St. William de Thiery: "No deseo esconderme, como Adán, de la cara de quien lo ve todo, sea para aprobarlo sea para censurarlo, "yo busco tu rostro, Señor".

Por eso Domingo fue un hombre que veía las cosas como son, y por ello estaba lleno de alegría y de tristeza. Nadie puede conocer esa alegría, la auténtica, la felicidad profunda, a no ser entrando en las zonas oscuras de la vida humana y conociendo su sufrimiento. Porque es allí donde hallamos a Dios esperándonos, crucificado y victorioso. Esta es la noche oscura donde encontramos a Dios. Como escribió San Juan de la

Cruz: "Oh noche que juntaste amado con amada, amada en el amado transformada".

La Eucaristía más alegre en la que jamás haya participado tuvo lugar en Haití, en un momento de persecución y sufrimiento. Es ahí, donde no hay esperanza, ni futuro, ni nada, donde podemos descubrir esa sorprendente alegría de Dios que ha puesto su tienda entre nosotros y nos ha dado su cuerpo y su sangre. Cantamos y bailamos con más alegría de lo que pudiera hacerlo cualquier persona rica y a quien no le falta nada, ya que Dios ha venido a compartir nuestras vidas. Hay una historia que tiene lugar en los primeros momentos de la Orden. Una mujer caminaba junto a un convento dominicano y se escandalizó al oír una gran carcajada como si todos los frailes estuvieran en una fiesta. Puede que vosotros hayáis oído lo mismo de nosotros. La buena señora entró para reñir a los frailes por estar borrachos y descubrió que se reían porque no tenían nada para comer. No es esa nuestra excusa. Aquellos frailes conocían esa alegría que jamás conocerá un rico, la de la total dependencia de Dios.

Todos nosotros buscamos la felicidad. Pero si vislumbráramos la alegría de Domingo, entonces tendríamos que atrevernos a entrar en la oscuridad. Tendríamos que abrir nuestros ojos para ver el sufrimiento de los otros y dejar que ese dolor afecte a nuestras vidas. Tenemos que atrevernos a afrontar con coraje nuestra propia oscuridad, nuestros fracasos, nuestros propios momentos de desesperación. Entonces encontraremos a Dios esperándonos con los brazos abiertos y podremos gritar: "Que tu rostro brille sobre nosotros y nos salve".

Nota bibliográfica

Los textos reunidos en este volumen tienen la siguiente procedencia:

- *El Parque Jurásico y la Última Cena.* Se edita la versión definitiva, publicada en 1993, en *The Tablet* (una primera versión, abreviada, fue presentada en la asamblea de la Unión de Superiores Generales, en Roma). Traducción de Salustiano Mateos Gómara, OP.
- *Verdad y conflicto.* Conferencia dirigida al "Department of Reliogious Studies", en la Universidad de Yale. Publicada en *Priests & People,* diciembre 1966. Traducción de S. Mateos, OP.
- *La identidad del religioso hoy.* Texto de la conferencia pronunciada en la Asamblea de la Conferencia de Superiores Mayores (USA), en agosto de 1996.
- *Entregados a la misión, El manantial de la Esperanza, Hacia una espiritualidad del gobierno,* y *Promesa de vida.* Cartas dirigidas a la Orden en 1994, 1995, 1997 y 1998. El texto original ha sido publicado en *Analecta S.O.P.* y la versión castellana en *Informaciones Dominicanas Internacionales.*
- *Mensajes de navidad.* Texto recogido, en su versión al español, de *I.D.I.*
- *Palabras de camino.* Las tres homilías se incorporaron a la edición provisional de las *Actas* del Capítulo General de Definidores, de Caleruega (julio-agosto 1995). Traducción de Salustiano Mateos Gómara, OP.

Todos los textos han sido revisados para esta edición.

El P. Salustiano Mateos ha colaborado, como queda indicado, en la versión y revisión de varios documentos. El P. José Montero, OP, socio para la Península Ibérica, me ha prestado una valiosísima ayuda desde Roma, facilitando los originales de algunos textos y, de una manera especial, la traducción al español de la última carta, *Promesa de Vida.* Quede aquí constancia fraterna y amistosa de mi agradecimiento.

El Maestro de la Orden, Timothy Radcliffe, ha tenido la amabilidad de seguir de cerca la preparación de esta edición. A su interés se debe la inclusión de algunos textos y el haber podido contar de manera inmediata con la versión de la última de sus cartas *(Promesa de Vida)*. Desde aquí le doy las gracias, en mi nombre y en el de los lectores. Poder editar en España este volumen, con una parte importante de sus intervenciones públicas y escritos, es para mí algo más que un empeño editorial o un asunto de divulgación doméstica. Como a otros muchos, me ha sorprendido la palabra original, cercana y exigente de Timothy Radcliffe. "Aquí deberíamos alentar un sentido más amplio de *pertenencia*, gustar nuestra comunión con todos los demás hermanos, los santos y los pecadores, el vivir y el morir".

BERNARDO FUEYO, O.P.

Índice general